JN045544

第四版

これで解決！ 困った

老朽貸家・貸地問題

相続法・債権法改正対応版

税理士 坪多 晶子 著
弁護士 江口 正夫

清文社

は じ め に

　情報交換や人の移動が日常的に行われているこの国際化時代において、コロナショックが世界を揺るがせこれからの先行きが見通せない時代となりました。株式相場も乱高下しており、今後の不動産価格の動向も不透明となっております。そんな中でも安定収入を求め、不動産に投資される方も少なくありません。また、消費税の引上げとともに、相続税や所得税の増税が行われましたが、景気の後退や少子化の防止のため、住宅取得や教育、結婚、子育て等の次世代応援のための贈与税の減税も行われており、地主や資産家の判断に大きな影響を与えています。

　貸家や貸地の契約は民法の賃貸借の規定のほか、特別法である借地借家法が適用されますが、その基本的な枠組みは戦時の旧借地法・旧借家法の規定が維持されています。それゆえ、「老朽貸家を取り壊したくても借家人が立ち退いてくれない」「一度貸した土地が戻ってこない」等々の理由で、老朽貸家や長年の貸地でお困りの地主・家主の方が多数いらっしゃいます。

　そこで、判例や時代の実情に合わせて、長年改正が行われなかった民法について、債権法と相続法の分野における大改正が行われました。特に、債権法においては、個人保証人を守るため賃貸借の保証人が個人である場合に極度額制度が導入されたことや、保証人への情報提供義務、賃借人の修繕権、使用収益ができなくなったら賃料が当然に減額される旨の規定、原状回復義務の明文化など、不動産オーナーが気を付けておかなければならない改正に対する注意点が多々あります。

　本書では、これらの最新の法律や税制の改正を踏まえたうえで、弁護士と税理士がディスカッションを繰り返しながら、貸家や貸地の所有者の方々のために、貸家・貸地に関連する法制度と、それらにまつわる税金対策に必要な知識をまとめました。法制度と税務の関連を実務的に、しかも実例をふんだんに採り入れて執筆したところに本書の特徴があります。

　昔から家主・地主の方々は困った貸家・貸地の問題を抱えて、いつも悩んでおられます。老朽貸家にかかる多額の修繕費にもかかわらず適正賃料がもらえない実態、建替えのための立退要請の困難、借家人の認知症や滞

納家賃という頭の痛い問題、低額すぎる地代の増額や物納要件の整備に伴う長期間にわたる交渉、それにもかかわらず追い打ちをかけるような高い所得税、さらに払えるかどうかとても心配な相続税等々。

　これらの疑問や不安のどれを解決するにしても、改正された民法はもちろん、借地借家法、相続税法をはじめとする税法、その他の関連法規と判例などに関する、さまざまな知識と経験が必要です。このような相談に日々応じているプロフェッショナルである弁護士と税理士が、専門的になりすぎぬよう、可能な限り簡単に分かりやすくすることに力を注ぎ、解説に努めました。

　第1章で、貸家・貸地にかかわる法律と税金の基礎知識を身につけ、家主の方は第2章で貸家にまつわる法律と税金の問題解決策を、第3章では空き家に係る諸問題の解決策を、また、地主の方は第4章で貸地にまつわる法律と税金の問題解決策を身につけてください。さらに、第5章で民法改正が老朽貸家・貸地に与える影響を詳しく解説するとともに、第6章では、家主・地主の方に私達が直接相談にのりながら、事例を解決していく対話式としていますので、より親しみやすく理解を深めていただけるのではないかと思います。

　明るく、元気よく、昨日より今日、今日よりも明日が幸せであることが人生では肝心なことであると思います。

　本書が悩める家主・地主の方々やその相談相手の方々にとって、困った貸家・貸地問題を解決する手助けとなり、読者の皆様はもちろんのこと読者の皆様を取り巻く方々全員が幸せな人生を送られるうえで、少しでもお役に立つことができれば幸いに存じます。

　令和2年8月

税理士　坪　多　晶　子
弁護士　江　口　正　夫

目 次

第1章 貸家・貸地にかかわる法律と税金の基礎知識

第2章 貸家問題の法律と税金の問題解決策

第**3**章 空家等対策特別措置法の成立とその影響及び問題解決策

第4章　借地問題の法律と税金の問題解決策

(注) 本書の内容は、令和2年8月1日現在の法令等に基づいています。

第1章

貸家・貸地にかかわる
法律と税金の基礎知識

貸家に適用される法律

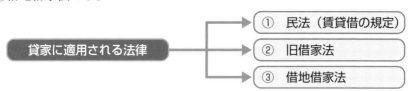
POINT

　貸家契約には、民法の賃貸借の規定のほか特別法である借地借家法が適用される。民法は令和2年4月1日より改正民法が施行され、賃貸借に関する規定が大幅に変わった。借地借家法は平成4年8月1日に施行され、同日以降の貸家契約には、全て借地借家法が適用される。平成4年8月1日以前に成立した貸家契約については、旧借家法の規定により生じた効果はそのまま維持されるものとされている。

解説

　貸家契約に適用される法律は、①民法（賃貸借の規定）と、②旧借家法、③借地借家法です。

貸家に適用される法律	① 民法（賃貸借の規定）
	② 旧借家法
	③ 借地借家法

1　民法の賃貸借の規定の適用

　貸家契約とは、建物を他人に使用収益させると同時にその対価として賃料を収受する契約ですから、民法の中の賃貸借に関する規定が適用されます。改正民法では、主として、次の①〜⑨が定められています。

① 　個人連帯保証人との契約には極度額を書面等で合意すること（民法446・465の2）

　改正民法では賃貸借の保証人が個人である場合には、保証契約書等に書面で「極度額」を合意しない限り、保証契約が無効とされました。極度額とは保証人の責任限度額のことです。

② 　貸家の修繕義務（民法606）

　賃貸物の使用及び収益に必要な修繕は、原則として賃貸人が負うものと

されています。ただし、この規定は絶対的なものではありませんので、一部の項目については貸主が修繕義務を負わない旨を契約で合意することは可能です。

③　**賃借人の修繕権**（民法607の2）

　賃貸目的物の修繕が客観的に見て必要とされる場合に、賃借人が賃貸人に修繕を求めても、賃貸人が相当期間内に修繕しなかった場合、又は急迫の事情がある場合は、賃借人は賃貸目的物を自ら修繕する権利があることが改正民法で明文化されました。この場合、客観的に必要とされる修繕費は賃貸人の負担（民法606、608）となります。

④　**賃借物の一部使用収益不能の場合の賃料の当然減額**（民法611）

　改正民法では、賃貸目的物が一部滅失した場合だけではなく、滅失はしていないものの、一部の使用収益が不能となった場合は、賃料は使用収益ができなくなった部分の割合に応じて当然に減額される（一部使用収益不能の部分は賃料が不発生）ということになりました。一部の使用収益不能とは、例えばアパート賃貸借の場合、風呂の故障やエアコンの故障等が該当すると考えられます。

⑤　**無断譲渡・転貸の禁止**（民法612）

　借家人は、賃貸人の承諾がない限り、借家権を譲渡したり、転貸することができないものとされています。

⑥　**借家人の用法遵守義務**（民法616・594）

　借家人は、契約で定めた用法に従って建物を使用しなければならない義務を負います。この規定によって、「アパート契約」で用法を居住用と定めているのに、貸室内で学習塾を経営したり、店舗を営むというようなことがあった場合には用法遵守義務違反として契約の解除ができることになります。

⑦　**賃貸借契約の解約**（民法617・618）

　賃貸借の期間を定めなかったときは、当事者はいつでも借家契約を解約することができ、解約申入れの日から3か月を経過すると賃貸借は終了します。賃貸借の期間の定めがある場合でも、中途解約できる旨の合意があれば、3か月の予告期間を置いて借家契約を解約できることになっています。ただし、この規定は、2で述べるように、借地借家法により、賃貸人

3

が解約する場合にのみ要件が一部修正されますので注意が必要です。

⑧　黙示の更新（民法619）

　賃貸借の期間が終了したのに借家人が居住を続け、これに対して賃貸人が異議を述べなかったときは、賃貸借は従前と同一の条件で更新されたものと推定されます。ただし、この点についても、借地借家法により賃貸人は正当事由を備えていない限り更新を拒絶することができないとされていますので注意が必要です。

⑨　**賃借人は通常損耗について原状回復義務を負わないこと**（民法621）

　改正民法では、賃借人は通常損耗について原状回復義務を負わないことが明文化されました。通常損耗とは、賃貸借契約で決められた用法に従って使用収益した結果発生する損傷のことをいい、例えば、畳表の張替費用、床カーペットの張替費用、壁クロスの張替費用やハウスクリーニング費用等がこれに該当します。

2　借地借家法の適用

　賃貸借契約のうち、借家契約については、民法の特別法として大正10年に制定された借家法が適用されてきました。その後、平成4年8月1日から借地借家法が施行され、旧借家法は廃止されました。

　借地借家法は平成4年8月1日以降に新規に借家契約を締結したものに適用されます。それ以前に契約が締結されていた借家契約についても借地借家法が適用されるのが建前なのですが、実際には経過措置により更新の拒絶や解約申入れなどにつき「従前の例による」と定められているため、実質的には廃止された旧借家法が適用されることになります。

　貸家契約について、旧借家法ないしは借地借家法が適用されても1の⑦・⑧以外には変わりはないのですが、主に以下の事項が決められています。

⑴　**更新制度に関する修正（正当事由・法定更新制度の導入）**

①　更新の手続（借地借家法26①）

　期間の定めのある建物賃貸借契約では、当事者が期間の満了の1年前から6か月前までの間に相手方に対して更新をしない旨の通知（「更新拒絶の通知」といいます）又は条件を変更しなければ更新をしない旨の通知をし

なかったときは、従前の契約と同一の条件で契約を更新したものとみなされることになります。

　また、この通知をした場合でも、期間が満了したのに借家人が使用収益を継続しており、これに賃貸人が異議を述べなかったときも更新とみなされることになります。

②　正当事由制度 （借地借家法28）

　①の賃貸人のする「更新拒絶の通知」は、賃貸人にいわゆる正当事由が認められない限りはすることができないものとされています。

　「正当事由」については、旧借家法では「建物ノ賃貸人ハ自ラ使用スルコトヲ必要トスル場合其ノ他正当ノ事由アルニ非ザレバ賃貸借ノ更新ヲ拒ミ又ハ解約ノ申入ヲ為スコトヲ得ズ」と規定されていました。要するに、「賃貸人が自らその貸家を使用する必要性」がある場合が正当事由の基本的な事項であるということです。

　この要件は、借地借家法で明確化され、「建物の賃貸人及び賃借人が建物の使用を必要とする事情のほか、建物の賃貸借に関する従前の経過、建物の利用状況及び建物の現況並びに建物の賃貸人が建物の明渡しの条件として又は建物の明渡しと引換えに建物の賃借人に対して財産上の給付をする旨の申出をした場合におけるその申出」を考慮して正当事由の存否を判断することが明確にされています。アンダーライン部分が、いわゆる「立退料」といわれるものであり、立退料を支払うことが正当事由の一要素であることが明確になりました。

　ただし、立退料さえ支払えば正当事由を備えることができるという意味ではなく、「建物の賃貸人及び賃借人が建物の使用を必要とする事情」が正当事由の基本的な要素であり、それを補充する要素として立退料が考慮されるに過ぎないという意味です。

旧借家法の「正当事由」の内容
①　建物の賃貸人が自ら建物を使用することを必要とする場合
②　その他正当の事由のある場合

借地借家法の「正当事由」の内容	
① 建物の賃貸人及び賃借人が建物の使用を必要とする事情	主たる要素
② 建物の賃貸借に関する従前の経過	従たる要素
③ 建物の利用状況及び建物の現況	
④ 賃貸人が提供する財産上の給付 ＝いわゆる立退料の申出による正当事由の補完	

(2) 解約に対する制限

① 解約に対する正当事由制度（借地借家法28）

　借地借家法では、賃料を滞納した場合の契約解除は別ですが、契約期間中に解約を申し入れることについては、先の更新拒絶の場合と同様に正当事由制度を導入しています。

② 解約申入期間の修正（借地借家法27）

　民法では、3か月の予告で賃貸借は終了することとされていますが、借地借家法では、賃貸人が正当事由を備えて建物賃貸借の解約を申し入れた場合には、解約申入れの日から6か月を経過することにより賃貸借が終了すると定めています。すなわち、民法上の3か月の期間を、賃貸人の解約の場合に限り6か月に伸張しているわけです。

借地借家法の賃貸人からする期間内解約に関する民法の原則の修正点

解約申入後の修正　　　　　　　　　解約申入要件の修正

民法3か月→借地借家法6か月　　　　民法無条件→借地借家法正当事由具備

2　貸地に適用される法律

POINT

　貸地契約には、令和2年4月1日施行の改正民法の賃貸借の規定のほか、特別法である借地借家法が適用される。借地借家法は平成4年8月1日に施行され、同日以降の貸地契約には全て借地借家法が適用される。平成4年8月1日以前に成立した貸地契約については、旧借地法の規定により生じた効果はそのまま維持されるものとされている。

解説

　貸地契約に適用される法律は、①民法（賃貸借又は地上権に関する規定）、②旧借地法、③借地借家法です。

1　民法の賃貸借の規定の適用

　貸地契約は、借地人に土地を使用収益させることにより、その対価としての地代を収受することを内容とする契約ですから、民法の中の賃貸借の規定が適用されます。民法の賃貸借の規定は、貸家契約であるか、貸地契約であるかの区別はしていません。民法の賃貸借の規定は、賃貸借の対象が不動産であることを前提としているわけではなく、動産の賃貸借にも適用される一般的な規定だからです。

　民法の主な内容は貸家契約の場合に述べたのと同じです。

① 　賃貸人の修繕義務（民法606）

　貸地の修繕義務は賃貸人にあるとされています。しかし、貸家においては建物の修繕は日常的に必要となり得ますが、貸地の場合には「土地の修繕」とは、大地震により土地に亀裂が入ったとか、災害により土地の一部

に不具合が生ずる事態が生じない限り、あまり考えられません。

② **賃借人の修繕権**（民法607の2）

　賃貸目的物の修繕が客観的に見て必要とされる場合に、賃借人が賃貸人に修繕を求めても、賃貸人が相当期間内に修繕しなかった場合、又は急迫の事情がある場合は、賃借人は賃貸目的物を自ら修繕する権利があることが改正民法で明文化されました。この場合、客観的に必要とされる修繕費は賃貸人の負担（民法606、608）となります。

③ **無断譲渡・転貸の禁止**（民法612）

　賃借人は、賃貸人の承諾がない限り、借地権を譲渡したり、転貸することができないとする民法の規定は貸地契約においても適用されます。

　ただし、貸地の場合に特有の問題として、借地人が、借地権の譲渡、転貸につき、貸主の承諾に代わる裁判所の許可を得て借地権の譲渡転貸を行うことが可能になる「借地非訟」という制度が導入されていますので注意が必要です。

④ **借地人の用法遵守義務**（民法616・594）

　借地人は契約で定めた用法に従って土地を使用しなければならない義務を負います。この規定によって、一戸建の居住用建物を所有する目的で貸地契約を締結しているのに、貸地内にマンションを建設したり、オフィスを建設するような場合には、用法遵守義務違反を理由に、賃貸人は貸地契約の解除ができます。

⑤ **貸借物の一部使用収益不能の場合の賃料の当然減額**（民法611）

　改正民法では、賃貸目的物が一部滅失した場合だけではなく、滅失はしていないものの、一部の使用収益が不能となった場合は、賃料は使用収益ができなくなった部分の割合に応じて当然に減額されること（一部使用収益不能の部分は賃料が不発生）になりました。

⑥ **賃貸借契約の解約**（民法617・618）

　賃貸借の期間が定められなかったときは、当事者はいつでも借地契約を解約することができ、解約申入れの日から1年間を経過すると土地賃貸借は終了し、賃貸借の期間の定めがある場合でも、当事者が期間内解約できることを合意すれば同様とされています。ただし、賃貸人が解約する場合

には、**2**で述べるように借地借家法の規定によらなければなりません。

⑦　**個人保証人の極度額**（民法446・465の2）

　改正民法では、賃貸借の保証人が個人である場合には、保証契約書等に書面で「極度額」を合意しない限り、保証契約が無効とされることになりました。極度額とは保証人の責任限度額のことです。

⑧　**賃借人の原状回復義務**（民法621）

　改正民法では、賃借人は通常損耗について原状回復義務を負わないことが明文化されました。

2　借地借家法の適用

　貸地契約については、民法の特別法として大正10年に制定された借地法が適用されてきました。その後、平成4年8月1日から新たに借地借家法が施行され、旧借地法は廃止されました。

　借地借家法は平成4年8月1日以降に新規に貸地契約を締結したものに適用されます。それ以前に契約が締結されていた貸地契約についても借地借家法が適用されるのが建前なのですが、実際には経過措置によりほとんどの事項につき「従前の例による」と定められているため、廃止された旧借地法が適用されることになります。

　貸地契約に、借地法ないしは借地借家法が適用されても**1**の⑥以外には変わりはないのですが、主に以下の点が民法とは異なります。

(1)　**存続期間の定め**（借地借家法3）

　貸地契約をする場合、民法では契約期間は自由に定めることができますが、借地借家法では借地権の存続期間は30年とし、それ以上の期間で契約しなければ無効とされます。

　なお、旧借地法においては、契約で期間を定めなかった場合には借地上に建築する建物が耐火構造の堅固な建物である場合には60年、木造建物等の非堅固な建物である場合には30年の存続期間とされていました。

(2)　**更新後の期間の定め**（借地借家法4）

　借地借家法では、契約を更新する場合の期間は、最初の更新の場合は20年間以上、2回目以降の更新の場合は10年間以上としなければならないと

定められています。

旧借地法では、更新後の期間は堅固な建物である場合には30年以上、非堅固な建物である場合には20年以上とされていました。

	旧借地法	借地借家法
借地権の 存続期間	堅固な建物＝60年（30年以上） 非堅固な建物＝30年（20年以上）	一律30年以上
更新後の 存続期間	堅固な建物＝30年以上 非堅固な建物＝20年以上	最初の更新＝20年以上 2回目以降＝10年以上

（注）括弧内は「契約で存続期間を定める場合の最短期間」。

(3) 更新拒絶の制限（正当事由制度）(借地借家法6)

借地借家法も旧借地法も、貸地契約の期間が満了した場合に、借地人が更新を請求したときは、建物がある場合に限り、従前の条件で契約を更新したものとみなされます。貸主は、正当事由を具備している場合に限り異議を述べることができるとされています。

この異議は「貸主と借地人が土地の使用を必要とする事情のほか、借地に関する従前の経過及び土地の利用状況並びに貸主が土地の明渡しの条件として又は土地の明渡しと引換えに借地人に対して財産上の給付をする旨の申出をした場合におけるその申出を考慮して、正当の事由があると認められる場合でなければ、述べることができない」とされています。

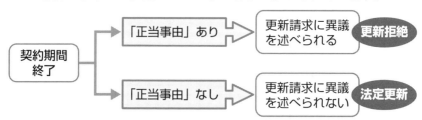

この規定により、貸地契約においては、契約で定めた存続期間が満了しているにもかかわらず、正当事由が認められないため、貸地契約を終了させることができないという場合が多く見られることになります。

正当事由が認められない場合には、契約は法定更新（法律の規定によって貸地契約が更新される制度）により、最初の更新の場合は20年間、2回

目以降の更新の場合は10年間更新することとなっています。

　なお、旧借地法の場合は、法定更新後の期間は堅固な建物である場合には30年間、木造建物等の非堅固な建物である場合には20年間とされていました。

⑷　その他の規定

　借地借家法には、上記のほか、①経済情勢の変動等を理由に地代の改定を請求できる地代増減額請求権（同法11）、②存続期間の満了により貸地契約が終了した場合に借地人が貸主に対して借地上の建物を時価で買い取ることを請求する建物買取請求権（同法13）等の権利が定められています。

3 貸家・貸地の収入には所得税が課税される

POINT

個人が不動産を賃貸していると所得税と住民税がかかる。本書では国税である所得税の説明をする。所得税は、納税者が所得を10種類に分類し、1年間に発生したこれらの所得とその税額を計算して、翌年3月15日までに確定申告をして納税する。所得税の課税方法には総合課税・分離課税・源泉分離課税があり、不動産の賃貸による収入は不動産所得として総合課税により課税される。

解説

1 所得税の基礎知識

　税金にはいくつかの種類があります。法人の所得に対しては法人税が課税され、個人の所得に対しては所得税が課税されます。所得とは税法上の専門用語で、簡単にいえば収入（家賃や地代又は売上高）から経費（直接その収入を得るために必要とされるものに限られます）を差し引いた利益のことです。

2 10種類の所得

　所得は利子所得・配当所得・不動産所得・事業所得・給与所得・退職所得・山林所得・譲渡所得・一時所得・雑所得の10種類に区分され、それぞれの所得の性格に応じ、所得の計算方法が決められています。

所得の区分	所得の計算方法
利子所得	利子収入そのもの
配当所得	公募投資信託の収益分配金など：収益分配金そのもの その他：収入金額－元本を取得するために借りた借入金の利息
不動産所得	収入金額－必要経費
事業所得	収入金額－必要経費
給与所得	給与収入－給与所得控除
退職所得	(退職金収入－退職所得控除) $\times \frac{1}{2}$
山林所得	収入金額－必要経費－50万円（特別控除）
譲渡所得	土地・建物の譲渡所得：収入金額－取得費・譲渡経費 その他：収入金額－取得費・譲渡経費－50万円（特別控除）
一時所得	収入金額－収入を得るための費用－50万円（特別控除）
雑　所　得	公的・退職年金所得：収入金額－公的年金等控除 その他：収入金額－必要経費

3　課税の種類

　所得税は、その年の1月1日から12月31日までの1年間の各種所得金額の合計額に課税する「総合課税」が原則となっています。

　しかし、他の所得とは別に課税所得を計算し、税額も異なった方法で計算する課税方法があります。土地や建物などの譲渡所得、退職所得、山林所得などは「申告分離課税」とされており、支払を受けるときに源泉徴収された税額だけで課税が終了し、確定申告が不要である利子、上場株式の配当・売買などは「源泉分離課税」とされており、合計3種類の課税方法があります。

4　課税の仕組み

　申告分離課税と源泉分離課税とされる所得以外については総合課税の対象となり、一定の方法により合算します。この合算の段階で、損益通算や純損失・雑損失の繰越控除を行います。こうして計算した金額を「総所得金額」といいます。

この総所得金額から、社会保険料控除・医療費控除・寄附金控除・雑損控除や配偶者控除・障害者控除・扶養控除・基礎控除等の各種の所得控除を差し引いて「課税総所得金額」を計算します。次に課税総所得金額に所得税率を適用して所得税を計算します。

5　所得税の計算と申告

　上記により計算した課税所得金額に所得税率をかけて求めた所得税額に、分離課税の所得がある場合にはその分離課税について計算した税額を加算し、加算した税額から住宅ローン控除や配当控除等の税額控除をし、その額から源泉徴収税額を差し引いた金額が所得税の「申告納税額」となります。個人の所得の確定申告は、課税期間（1月1日から12月31日）の翌年2月16日から3月15日までの間に納税地の所轄税務署で行います。

6　住民税の基礎知識

　個人が納める税金は所得税だけではありません。他に道府県民税と市町村民税といった住民税が課税されます。住民税も所得が課税の基準である点は所得税と同じですが、税率と課税所得を計算するプロセスにおける所得控除の額などについて少し相違があります。

　住民税には所得税と同様、課税所得金額に一律10%の税率をかけて計算する所得割と、所得の多少にかかわらず一人当たり5,000円[※]（道府県民税1,500円と市町村民税3,500円の合計）の定額の負担である均等割が課税されます。

　確定申告をするとその申告データが住所地の市町村へ送られて住民税額が計算されます。その税額を原則6月、8月、10月、翌年1月の4回に分割して納めます。

※　地方公共団体が実施する防災のための施策に要する費用の財源を確保するため、臨時の措置として平成26年度から令和5年度までの道府県民税と市町村民税の均等割の税額がそれぞれ500円ずつ引き上げられました。

　国税である所得税と地方税である住民税の税率を合わせると、次表のような負担割合になります。

【所得税・住民税合算】

課税される所得金額	税率と控除額	
	平成27年1月1日以後	
～195万円以下	15%	
195万円超　330万円以下	20%	－97,500円
330万円超　695万円以下	30%	－427,500円
695万円超　900万円以下	33%	－636,000円
900万円超　1,800万円以下	43%	－1,536,000円
1,800万円超　4,000万円以下	50%	－2,796,000円
4,000万円超	55%	－4,796,000円

【例】課税所得金額が700万円の場合

7,000,000円　×　0.33　－　636,000　＝　1,674,000円
（税額）

7　土地・建物の貸付けに対する税金

　一般に、土地や建物などの不動産の貸付けや不動産上の権利の貸付けによる所得は、原則として不動産所得となりますが、その貸付けの形態によっては、事業所得や雑所得とされる場合があります。

　不動産所得は、全ての所得を合計して税額を計算する方法である総合課税に区分されます。総合課税の場合、赤字の所得があれば別の黒字の所得と相殺することもできます。

4 貸家・貸地の収入は不動産所得となる

POINT

　個人が不動産を賃貸している場合、不動産所得として他の所得と合算して課税される。地代、名義書換料、更新料や家賃、礼金等が収入となり、固定資産税、保険料、借入金利子、減価償却費等が必要経費となる。不動産所得は総収入金額から必要経費を差し引いて計算する。なお、住宅の貸付けについては、原則として消費税は課税されない。

解説

1　不動産所得となる収入の範囲

　一般に、土地や建物などの不動産の貸付けや不動産上の権利の貸付けによる所得は、原則として不動産所得となりますが、その貸付けの形態によっては、事業所得や雑所得とされる場合があります。不動産等の貸付けによる所得区分を図表にまとめてみます。

	所　得　区　分
貸間、下宿などの所得	一般的には不動産所得。賄付下宿は、その経営の程度に応じ事業所得又は雑所得となります。
自動車駐車場の所得	管理人を置いて、夜間は施錠して自動車の出入りを規制しているような場合や、不特定多数の自動車を駐車させているような場合など、自己の責任において保管することによる所得は事業所得（事業といえない規模のものは雑所得）。特定の土地だけを提供しているときは、不動産所得になります。
借地権等の設定により受け取る権利金等	借地権や地役権の設定、借地権の転貸により一時に受け取る権利金や頭金などは、不動産所得。ただし、特定の借地権、地役権の設定に基づく権利金及び金銭の借入れなどから生ずる特別の経済的利益は譲渡所得及び事業所得又は雑所得となる場合があります。
更新料、名義書換料	借地権などの契約期間満了に伴う存続期間延長の対価として受ける更新料や借地人の名義が変わるため、地主の承諾を求める対価として支払われる名義書換料は、原則として不動産所得。名目上更新料であっても契約の重要部分について変更を加えるもの（更改）で、新たな借地権設定の対価としてその借地権の設定の対象となった土地の時価の2分の1を超えるときは、譲渡所得になります。
広告看板などによる所得	広告などのため、土地や建物の屋上・側面などに、ネオンサインや広告看板を取り付けさせることによって受ける使用料は不動産所得。

2　収入金額に算入すべき時期

　不動産所得の収入金額を確定するうえで重要なのは、その収入金額の計上時期です。

　不動産所得の総収入金額には、通常の地代、家賃・共益費のほか、権利金・名義書換料・更新料・礼金など不動産の貸付けに伴い生ずる収入が含まれ、その収入の計上時期は賃貸借契約で定められた支払日が原則です。したがって、毎月、翌月分の賃料を受け取ることになっている場合は前受家賃になりますが、不動産所得の計算上、原則として契約で定められた当月末が収入計上時期なので、たとえ12月末に1月分が未収であっても収入としなければならないのです。また、1年分の地代等を一括して受け取るような契約をしている場合、契約に基づき受け取るべき日に1年分の地代を収入計上しなければならないのです。

　不動産の賃貸の際に受け取る敷金や保証金などは、原則として契約が終了したときに借主に返還しなければなりませんので、その返還すべき金額は収入金額とされません。しかし、敷金などの一部について返還を要しない部分がある場合には、その金額を返還不要が確定した年に収入金額に算入することになります。経過年数などにより返還を要しない金額が変動する場合には、契約に基づいてチェックし、確定した年に収入計上するのを忘れないようにしなければなりません。

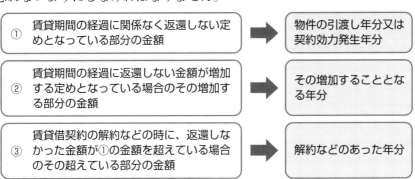

3　必要経費に算入すべき金額

　不動産所得の計算上差し引くことのできる必要経費は、総収入金額を得

るために直接要した費用の額及びその年に生じた管理費その他の業務上の費用です。主なものには、租税公課、損害保険料、借入金の利子、減価償却費、修繕費、管理費等があります。なかでも、租税公課は、不動産取得税、登録免許税、固定資産税、印紙税、事業税等と多岐にわたり、高額なものもあるので要注意です。

　なお、生計を一にする親族が支払う地代・家賃・支払利息、家事上の経費、所得税・住民税等の税金、罰金・科料等は必要経費となりません。また、借入金の元本返済や固定資産の購入などの支払っても経費にならないものや、減価償却費など支出がないのに経費となるものもあります。

　事業所得に比べると不動産所得の必要経費は限られたものしかありませんし、家事上の経費は原則として必要経費にすることはできません。ただし、家事関連費のうち、業務の遂行上必要である部分を明らかに区分できる場合にはその部分に限り必要経費とすることができます。例えば、1棟の建物に賃貸部分と自己の居住用部分がある場合、一括して支払う固定資産税や損害保険料等になりますが、床面積割合（賃貸割合）で分けるなど、合理的な方法であん分すれば必要経費となります。また、減価償却費についても同様です。

4　不動産所得の金額の計算

　不動産所得の金額は、総収入金額から必要経費を差し引いて計算します。

【不動産所得の計算式】

不動産貸付収入 － 必要経費 ＝ 不動産所得

　総収入金額は、1・2で説明したように、地代、家賃、権利金、名義書換料などがその主なものですが、借家人から徴収する共益費や貸付建物の破損などにより受ける実費弁償料なども収入金額となります。

　一方、3で説明したように必要経費には、土地建物の固定資産税や減価償却費、建築費用に充てた借入金の利子、修繕費などがあります。

　また、事業専従者控除又は青色事業専従者給与は、不動産の貸付けなどが事業といえる程度の規模で行われている場合に限り、必要経費とすることができます。

　なお、青色申告の承認を受けていれば、不動産所得の貸付けが事業的規模の場合に最高65万円の青色申告特別控除があり、上記の計算式よりさらに差し引くことができます。青色申告特別控除は事業的規模に満たない場合でも最高10万円の控除を受けることができます。

5　土地取得のための借入金がある場合の特例

　通常、土地・建物などの不動産の貸付けによる不動産所得が赤字になった場合には、その金額を給与所得などの他の黒字所得と損益通算することにより、所得税を少なくすることができます（ただし、土地建物の譲渡所得との損益通算をすることはできません）。

　しかし、不動産所得の計算上生じた損失の金額がある場合で、その必要経費のうちに土地を取得するために要した借入金の利子に相当する部分の金額があるときは、その損失の金額のうち次に掲げる金額については、他の黒字所得と損益通算することができません。

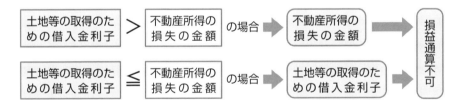

　なお、建物とともにその敷地である土地を取得した場合で、借入金について建物と土地とに区分することが困難であるときには、その借入金は、まず建物の購入資金に充てたものとし、その残額でその敷地を取得するために充てたものとして、借入金の計算をすることとされています。納税者に有利になるように図られているといえます。

5 事業的規模によって異なる税務上の取扱い

POINT

　不動産所得はその貸付けの規模により「事業的規模」が判定され、事業的規模と業務的規模により税務上の取扱いが異なる。取壊費用などにより多額の赤字になった場合等には特に注意が必要である。また、不動産所得が赤字となった場合においても、一定の金額については損益通算できないなどの特例もある。

解説

規模で異なる税金の取扱い

　事業所得の場合には規模の大小を問わず税務上同じ取扱いとされますが、不動産所得の場合は貸付規模（事業的規模）の大小によって税務上の取扱いに差が設けられています。

　税務上「事業的規模」の判定については、原則として、社会通念上事業といえる程度の規模かどうかを収入状況、管理状況等により実質的に判断します。

　建物の貸付けによる判定の場合は、①賃貸住宅（貸間・アパート）の場合は室数がおおむね10以上であること、②独立家屋の場合はおおむね5棟以上であることという、いわゆる「5棟10室基準」が設けられています。共有で建物所有している場合には、共有持分であん分した室数等でなく、共有者全員の持分の合計額で、貸室と貸家の両方所有している場合には貸室2室を貸家1棟と換算して判定します。

　また、土地の貸付けの場合には、1室の貸付けに相当する土地の貸付件数を「おおむね5」として判定します。よって、駐車場として土地を貸し付けている場合には50件（50件÷5＝貸室10室相当）以上貸していれば、事業的規模となるわけです。複数所有している場合には、換算して5棟10室基準に該当するかどうかで判定します。

　不動産所得が「事業的規模」か「業務的規模」かで税務上の取扱いの相違を図表でまとめてみます。

項　目	事業的規模	業務的規模
青色専従者給与・白色事業専従者控除の必要経費算入	次の金額を不動産所得の必要経費に算入できます。 青色申告者 → 家族従業員に支払う適正給与額 白色申告者 → 配偶者は最高86万円、その他の家族は1人につき最高50万円 （注）　これら専従者の必要経費算入を適用すると、その家族について所得控除である配偶者控除や配偶者特別控除又は扶養控除の対象にはなりません。	適用なし
青色申告特別控除の適用	青色申告者が正規の簿記の原則（複式簿記）に従って取引を記録し、それに基づいて決算書を作成して確定申告をすれば、青色申告特別控除として最高65万円の控除が認められます。	青色申告特別控除は10万円しか認められません。
固定資産の取壊し、除却などによる損失	全額必要経費に算入できます。 その結果、不動産所得が赤字になった場合、他の所得との損益通算ができます。	不動産所得を限度として必要経費に算入できます（マイナス分は切り捨てられます）。
延納利子税の必要経費算入	所得税を延納した場合に納付する利子税は、原則として、必要経費に算入することはできませんが、事業所得や事業的規模で営まれている場合の不動産所得に係る利子税については、その所得の計算上必要経費に算入できます。	必要経費にはなりません。
未収家賃の貸倒れ処理	その貸倒れが発生した年分の必要経費に算入できます。	その貸倒金は必要経費にならず、その賃貸料分について収入金額がなかったものとして取り扱います（前年分の未収家賃について貸倒れがあった場合は、税務署に更正の請求をしなければなりません）。

6 青色申告と業務規模

POINT

① 取引をきちんと帳簿に記録すれば青色申告ができる。

② 青色申告には一定要件のもとに特別控除額がある。

③ 青色申告の場合、専従者給与や繰越損失など多くの特典がある。

解説

1 青色申告とはどんな制度か

　所得税は、申告納税制度と源泉徴収制度という２つの納税制度を採用しています。

　申告納税制度とは、納税者が毎年１月１日から12月31日までの所得について自分自身で１年間の所得金額と税額を正しく計算し、納税するという制度です。多くの所得はこの申告納税制度によっています。一方、源泉徴収制度は、報酬を支払う側（源泉徴収義務者といいます）が所得税の一定割合を納税者への支払金額から徴収し、納める制度です。会社からの給与支払や金融機関の利息支払等からの所得税等の源泉徴収は、その代表的なものです。

　ところで、この１年間の所得を計算するに際して、取引を帳簿にきちんと記録し、それに基づいて正確な申告をしている人と、現金出納帳や預金出納帳のみの、いわゆる小遣い帳を付けるような感覚で記帳をして、申告をしている人がいます。申告納税制度というのは、所得について自分自身で税額を計算し、申告するわけですから、取引を帳簿にきちんと記録して、それに基づき正確に申告する事が望まれています。そこで、一定水準の記帳をし、それに基づいて正しい申告をしている人については、税金計算上、優遇しましょうという趣旨で生まれたのが青色申告制度です。

　青色申告をする人は、取引の正確な記帳をしなければならない義務を負う代わりに、さまざまな税の特典を受けることができるのです。なお、青

色申告ができるのは、不動産所得、事業所得、山林所得の3つに限られています。

2　青色申告にはこんな特典

　青色申告で節税を図るためには、まず青色申告のさまざまな特典について知っておく必要があります。青色申告には50種類以上もの特典が設けられていますが、ここでは、不動産所得に関連した主なものだけをまとめておきましょう。

特　典	内　容
①　青色申告特別控除	不動産所得の計算は、総収入金額から必要経費を差し引いて計算しますが、青色申告者はさらに青色申告特別控除として最低でも原則10万円を差し引くことができます。 　貸家・貸地の賃貸経営を事業的規模で行っており、かつ、不動産所得に係る一切の取引を複式簿記により記帳して決算及び確定申告をしている場合に限り55万円（電子申告している場合等は65万円）の青色申告特別控除が適用されます。
②　青色事業専従者給与の必要経費算入	不動産経営が事業的規模で行われており、その事業に従事する生計を一にする親族がいる場合、白色申告者は配偶者の場合で86万円、その他の家族の場合で1人50万円を限度に、事業専従者控除として必要経費に算入することができます。 　ただし、青色申告者であれば「青色事業専従者給与に関する届出書」を税務署に提出して、その届け出た金額の範囲内で支給している適正な給与については必要経費へ算入できます。受け取った側では給与となり、一定の額を超えれば月々の給与から源泉所得税を徴収しなければなりません。
③　青色申告者の純損失の繰越控除等	不動産所得の計算上生じた損失の金額は、他の所得と合算して損益通算できます。損益通算してもなお引き切れない金額があるときは、青色申告をしていることを要件として、翌年以降3年間に繰り越してその所得から差し引いたり、前年の黒字の所得へ繰り戻して所得税額の還付が受けられます。

23

7 借地借家法のもとでの貸家契約と貸地契約

POINT

借地借家法（旧借家法・旧借地法）が適用される貸家契約や貸地契約については、正当事由が認められない限り契約は更新することになるため、貸主は明渡しを当然に求めることができず、明渡しを請求するには高額の立退料が必要とされることになっている。

解説

1 正当事由制度が貸家・貸地契約に与える影響

　借地借家法、旧借家法・旧借地法はいずれも正当事由制度と法定更新制度を採用しています。これは貸家契約と貸地契約に共通します。この制度は、旧借家法や旧借地法の制定時から存在しているわけではなく、昭和16年にわが国の都市部の人口が急増したことに伴う空前の住宅難を背景に、貸家契約や貸地契約の存続期間が満了しても、正当事由が認められない限りは、契約は法律により更新されるというシステムを新たに導入したものでした。この制度が、人口の急激な都市流入を背景とした空前の住宅難が生じた時代において、一定の歴史的な役割を果たしてきたことは事実です。

　しかし、同時に、この制度により、わが国の貸家、貸地契約においては、契約で約束したことが守られないという事態を生み出すことになったという点も否定することはできません。なぜなら、貸家契約において借家権の存続期間を2年と定めたとしても、また貸地契約において借地権の存続期間を30年と定めたとしても、正当事由が認められない限り、契約は終了させることができず、契約は法定更新してしまうことになるからです。

(1) 貸家契約の場合

　そのため、貸家契約において存続期間を2年と定めても、正当事由が認められない限り貸家契約は法定更新されます。貸家契約の場合には、法定更新後の存続期間については、期間の定めがないものとされます。つまり

無期限ということです。このため、貸家契約は、原則として、借家人が退去するというまでは、いつまで経っても終わらないという場合があり得ることになります。

【貸家契約と法定更新】

(2)　貸地契約の場合

　貸地契約においても、正当事由が認められない限り、その後は法定更新により、借地借家法が適用される場合（平成4年8月1日以降に貸地契約を締結した場合）には、最初の更新は20年間、その後の更新は10年ごとに繰り返され、借地権が存続し続けることになります。

　また旧借地法が適用される場合　（平成4年7月31日までに貸地契約を締結した場合）には、堅固な建物所有のための貸地契約では30年ごと、非堅固な建物所有のための貸地契約では20年ごとに法定更新が繰り返されることになります。

【貸地契約と法定更新：旧借地法が適用される堅固建物の貸地契約の場合**】**

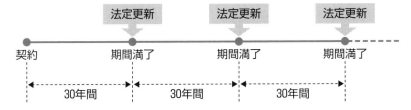

　以上の正当事由制度と法定更新制度は、わが国の貸家契約と貸地契約に2つの現象をもたらすことになりました。

2　借家権・借地権の半永久性

　正当事由制度を導入した場合でも、一定の条件を満たす場合には正当事由が認められることが明らかであれば、それは貸主と借主との利害を適切に調整する調整弁としての役割を果たすことも可能です。

しかし、正当事由の主たる要素は、貸主と借主の賃貸物件に対する使用の必要性の度合いを比較衡量するものとされています。この正当事由が認められる要件から判断すると、現実に物件を使用収益している借主と、現在その物件を使用収益していない貸主との、どちらが使用する必要性が高いかを比較すれば、借主に軍配が上がることは当然ですから、正当事由が認められることは極めて稀な事態となってしまいます。

事実、わが国の貸家、貸地において、正当事由が完全に認められるケースは極めて稀な事態となっています。このため、借家権、借地権は契約で存続期間を定めたとしても、事実上、半永久的に継続する権利となっているのが実情なのです。俗に、「土地や建物を貸したら、戻って来なくなる」といわれることがありますが、それは借地借家法等に定める正当事由制度と法定更新制度の必然的な結果なのです。私達は、この事実を前提として、貸家、貸地契約の合理的な運営を考えていかなければなりません。

3　明渡しには立退料が必要

わが国の貸家、貸地契約に正当事由制度と法定更新制度が適用されるということは、借家権、借地権は、契約で存続期間を一定期間であると合意していたとしても、その権利は半永久的な権利となります。このような状態を踏まえて、俗に、借家人や借地人は、半永久的にその物件を使用収益する権利を有するという意味で、「居住権」があるといわれることがあります。

このように、貸主に正当事由が認められない場合に、「居住権」を有している借家人や借地人に対して、立退きを要求するということは、法的に見れば、借家人や借地人の有する「居住権」という権利放棄の要求を意味することになるのです。権利を放棄してもらう以上、権利放棄の対価が必要となります。これが立退料の実務なのです。

このため、正当事由制度と法定更新制度が導入された後は、貸主が正当事由を具備していないのに、契約期間が満了した時をとらえて借主に対して明渡しを要求すると、権利放棄の対価としての立退料を支払わざるを得ないという事態が発生することになります。

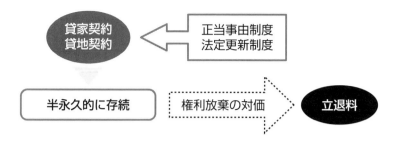

　わが国の貸家や貸地契約には、民法の規定の他に借地借家法等が適用されますので、貸家や貸地契約を終了させる場合には、まず、どのような場合に正当事由が認められるのかを理解したうえで行動することが必要なのです。

4　貸地における権利金の実務の発生

　貸地契約をすると、土地が戻ってこなくなる、明渡しの際には立退料が必要になるということを踏まえると、借地権の経済的価値は相当高額なものと考えられます。そうであるとすると、貸地契約を締結する際に、このような高価な権利を無償で設定することはできないと考えられることになります。ここで生まれてきたのが「権利金」です。一般的に、借地権を設定する契約を締結する場合、すなわち貸地契約を締結する場合には、借地人から「権利金」として土地価格の一定割合を受領するというのが通常です。権利金の割合は地域の状況や立地条件等によって異なっており、土地価格の2～3割に止まる地域から8～9割に至る地域までさまざまです。

8 貸家・貸地を所有している人の相続税の仕組み

POINT

相続税は、人が亡くなった時に亡くなった人（被相続人）から財産（貸家・貸地を含む）をもらったときにかかる税金である。相続財産の総額から基礎控除を差し引き、法定相続により取得したものとして計算した相続税の総額を取得した財産の割合に応じ税額をあん分し、財産を取得した人に対し課税される。

解説

1 相続税のかかる財産とかからない財産

　相続税のかかる財産は相続や遺贈で取得した貸家・貸地を含むすべてです。また、生命保険金・死亡退職金・定期金に関する権利等は遺族が直接受け取るもので、民法上は相続財産ではありませんが、税法上は相続財産とみなされて相続税が課税されます。お墓や仏壇、国等に寄付した財産等一定のものは非課税となります。

2 相続税額の計算方法

　相続人各人別に、相続税のかかる財産の価額から債務及び葬式費用を差し引き、死亡前3年以内に贈与された財産を加算して課税価格を計算し、その各人の課税価格の合計額から基礎控除額（3,000万円＋600万円×法定相続人の数）を差し引いたものが「課税遺産総額」です。したがって、各人の課税価格の合計額が基礎控除額以下であれば相続税はかかりませんので、申告も不要です。

　「課税遺産総額」を法定相続人が法定相続したものと仮定して、各人の法定相続分にそれぞれの相続税率をかけて、それぞれに対する税額を計算します。法定相続分とは民法により定められている各相続人が取得することのできる相続財産の割合です。相続税の計算では遺産分割の方法により税

額が異ならぬよう、法定相続割合で取得したものとして税額計算をします。

　各人の法定相続分に対する税額を合計したものが「相続税の総額」となります。相続税の総額を課税価格の合計額に占める各人の実際に取得した財産の課税価格の割合に応じてあん分し、各人の納付すべき相続税額を計算します。

3　相続税額から控除されるもの

　2で計算した相続税額から、配偶者については税額軽減が行われ、法定相続割合又は1億6,000万円までの金額であれば配偶者には相続税がかかりません。ほかに、贈与税額控除、未成年者控除、障害者控除、相次相続控除、外国税額控除等があり、これらの税額控除後の金額をそれぞれの相続人が納付することになっています。

　相続税の計算方法を簡単に次の図表でまとめてみます。

【相続税の税額計算の仕組み】

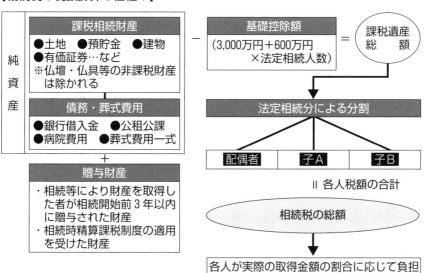

【相続税の速算表】

法定相続分に応ずる各人の取得金額	税率と控除額 平成27年1月1日以後
1,000万円以下	10%
1,000万円超　3,000万円以下	15%　　−50万円
3,000万円超　5,000万円以下	20%　−200万円
5,000万円超　　1億円以下	30%　−700万円
1億円超　　2億円以下	40% −1,700万円
2億円超　　3億円以下	45% −2,700万円
3億円超　　6億円以下	50% −4,200万円
6億円超	55% −7,200万円

━━━━ 参考 ━━━━

【贈与税の速算表】

基礎控除後の 課税価格		平成27年1月1日以後	
		一般贈与	20歳以上の者への 直系尊属からの特 例贈与
	200万円以下	10%	10%
200万円超	300万円以下	15% −10万円	15% −10万円
300万円超	400万円以下	20% −25万円	
400万円超	600万円以下	30% −65万円	20% −30万円
600万円超	1,000万円以下	40% −125万円	30% −90万円
1,000万円超	1,500万円以下	45% −175万円	40% −190万円
1,500万円超	3,000万円以下	50% −250万円	45% −265万円
3,000万円超	4,500万円以下	55% −400万円	50% −415万円
4,500万円超			55% −640万円

【一般贈与と特例贈与における贈与税額】

贈与財産 の価額 （基礎控除前）	平成27年1月1日以後		
	一般贈与	20歳以上の者への 直系尊属からの特例贈与	
	贈与税額	贈与税額	減少額
200万円	9万円	9万円	±0
400万円	33.5万円	33.5万円	±0
500万円	53万円	48.5万円	−4.5万円
1,000万円	231万円	177万円	−54万円
2,000万円	695万円	585.5万円	−109.5万円
3,000万円	1,195万円	1,035.5万円	−159.5万円
5,000万円	2,289.5万円	2,049.5万円	−240万円

貸家・貸地の相続税評価額

POINT

　相続税の計算を行うためには、相続した財産の価格を「時価」で見積らなくてはならない。国税庁では財産評価基本通達を定めており、市街地等については路線価方式、郊外地等については倍率方式、家屋は固定資産税評価額で評価するとされ、賃貸している場合にはさらに評価に修正が加えられ、評価額が大きく減少する。

解説

1　宅地の評価方法

　宅地は市街地等については路線価方式、郊外地等については倍率方式により、1画地の宅地ごとに評価します。1画地とは宅地の利用単位となっている区画をいいますので、1筆の土地とは限りません。

　「路線価」とは、評価する宅地に面する道路に付された1㎡当たりの標準価額で、道路ごとに毎年課税当局によって設定されます。路線価方式はその路線価をもとにして、その宅地の位置・形状に応じて、奥行価格補正、側方路線影響加算、不整形地等の補正を行って評価する方法です。したがって、区画整理されたきれいな形の宅地とそうでない宅地を比較すると、相続税評価額は大きく異なることがあります。

　路線価方式で評価する宅地以外の宅地は倍率方式で評価します。倍率方式とは、その宅地の固定資産税評価額に地域ごとに定める一定の倍率を乗じて求めた価額により評価する方法です。

2　賃貸等による評価額の修正

　上記の2つの方式により評価した宅地のうち貸宅地、貸家建付地、造成中の宅地、私道、地積規模の大きな宅地等については、その利用状況に応じて評価額に修正を加えることになっています。

①　貸宅地（借地権の目的となっている宅地の価額）

貸地は自用地に比べると借地権相当額の評価が大きく減少します。
次の計算式により評価します。

$$\boxed{その宅地の自用地としての価額} \times \boxed{（1－借地権割合）}$$

借地権割合は、路線価とともにC＝70％、D＝60％、E＝50％というように、エリアごとに路線価図により30％～90％の間で決められています。

②　貸家建付地（貸家の目的に供されている宅地の価額）

賃貸建物（住宅、店舗等の用途を問いません）の敷地は利用が制限されるとして、次の計算式のように評価が軽減されています。

【相続税における貸家の敷地（貸家建付地）の評価方法】

$$\boxed{\begin{array}{c}自用地の場合\\の評価額\end{array}} \times \boxed{（1－借地権割合×借家権割合^{※1}×賃貸割合^{※2}）} = \boxed{\begin{array}{c}貸家建付地\\の評価額\end{array}}$$

※1　借家権割合は平成18年以降分から全国一律30％となっています。
※2　「賃貸割合」はその貸家の独立部分の床面積の合計額に占める、課税時期において賃貸されている独立部分の床面積の割合をいいます。

事例：路線価評価額1億円の宅地、借地権割合70％で賃貸の空きがない場合

$$\boxed{1億円} \times \boxed{（1－0.7×0.3×1.0）} = \boxed{7,900万円}$$

3　建物の相続税評価額

建物は原則として1棟の家屋ごとに、固定資産税評価額に1.0の倍率を乗じて評価します。

賃貸している場合には、「貸家」として借家権割合（30％）に賃貸割合を乗じた割合を固定資産税評価額から控除することができますので、相続税評価額が減少します。

【貸家の評価方法】

$$\boxed{\begin{array}{c}自宅（自用）とした\\場合の評価額\end{array}} \times \boxed{（1－借家権割合×賃貸割合）} = \boxed{貸家の評価額}$$

事例：建築時の価格が1億円、固定資産税評価額が6,000万円で空室のない場合

$$\boxed{6,000万円} \times \boxed{（1－0.3×1.0）} = \boxed{4,200万円}$$

小規模宅地等の課税価格の特例

POINT

被相続人の自宅の敷地及び被相続人等が同族株主である会社が事業をしている建物の敷地又は賃貸している宅地について、配偶者や居住又は事業を継続する後継者が取得した場合には、一定の条件で、「小規模宅地等の課税価格の特例」が設けられており、宅地の相続税評価額が大きく下がる。

解説

1 「小規模宅地等の特例」制度の仕組み

被相続人又は生計を一にする親族の自宅の敷地、及び被相続人等が同族株主である会社が事業をしている店舗や工場の敷地について、配偶者や後継者が相続するときに一定の要件、規模で相続税を軽減しようという趣旨で設けられたのが「小規模宅地等の課税価格の特例」の規定です。

適用面積や減額割合は次の表のようになっており、相続のときにのみ適用され、贈与のときには適用されません。

「小規模宅地等の特例」の適用面積

事業用	・特定事業用宅地等 ・特定同族会社事業用宅地等	400㎡まで80%減額
	貸付事業用宅地等	200㎡まで50%減額
居住用	特定居住用宅地等	330㎡まで80%減額

2 適用要件を満たしていれば、相続人が自由に選択できる

どの土地で選択するかは相続人等の自由であり、特定事業用宅地等及び特定同族会社事業用宅地等（以下「特定事業用宅地等」といいます）と特定居住用宅地等は完全併用できます。しかし、貸付事業用宅地等と併用す

る場合において、選択した土地が減額対象面積（前ページ表を参照）に満たない場合にのみ、複数の土地で選択することができます。いろいろと要件を考慮して、「土地の単価×減額割合」が最も高い土地から優先的に、かつ、適用対象面積も考慮して、どの土地が有利か慎重に検討してください。ただし、小規模宅地等の特例の適用を受けた人のみが有利となりますので、誰が受けるのか、相続人間での分割協議でしっかりと決めておいてください。

3　貸付事業用宅地等と併用して受ける場合

　前ページ表のとおり、この特例の適用を受けることのできる面積は、小規模宅地等のうち、特定事業用宅地等については400㎡まで、特定居住用宅地等については330㎡まで、貸付事業用宅地等については200㎡までとされています。これら適用限度面積の異なる3種類の小規模宅地等のうち、特定居住用宅地等と特定事業用宅地等は完全併用できますが、貸付事業用宅地等と併用して2種類以上の小規模宅地等についての特例の適用を受ける場合の限度面積要件は、次の算式によります。

　小規模宅地等の課税価格の特例は、誰が取得するのか、その後どう利用するのかなどによって適用できるかどうかが決まります。「家族が仲良く生活し、円満に遺産分割できる」ことがこの特例を賢く選択するコツなのです。

借地人・借家人の相続税

POINT

宅地を所有していなくとも建物の所有による借地権がある場合には、借地権相当額について宅地等として相続税が課税される。ただし、借家権に関しては一般的に取引慣行がない地域にあるものに対しては課税されない。

解説

1　土地を借りている人の相続税

　相続税法上の借地権は、借地借家法に規定する建物の所有を目的とする地上権及び賃借権をいいます。借地権の取引慣行がない地域の場合、借地権はゼロであるとして課税されませんが、そのような地域はよほどの郊外部であるため、ほとんどの地域では土地所有者と建物所有者が異なる場合には借地権があるとして、財産評価基本通達に基づき、次の算式により計算した評価額に対し借地人に対して相続税が課税されます。

$$\boxed{\text{その宅地の自用地としての価額}} \times \boxed{\text{借地権割合}}$$

　借地権割合は、路線価とともにC＝70％、D＝60％、E＝50％というふうに、エリアごとに課税当局により30％～90％の間で決められています。

　国税庁から公表されている路線価図と借地権割合を参考にしてください。

　ただし、更地のまま一時的に使用する場合や駐車場のように建物でなく構築物の敷地として借りている場合には、借地権はないものとされ相続税は課税されません。また、親族間で権利金も地代もとらずに貸しているような場合には、相続税法上は、使用貸借であるとして借地権はないものとして取り扱われます。よって、土地所有者については借地権はない自用地として取り扱われますので、注意してください。

【参考：路線価図】

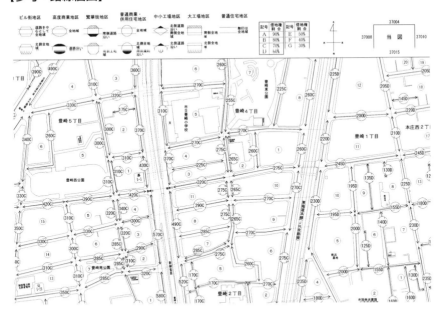

2　借家人の相続税

　土地所有者が貸家を建て他人に賃貸している場合には、借家人にも土地の権利の一部があり、貸家建付地として宅地の相続税評価額が減額され課税されます。

　では、借家人サイドの相続税評価はどうなるのでしょう。借家人の有する宅地等に対する権利とは、借りている建物の敷地である宅地を利用する権利をいいます。一般的な住宅においてはこの権利については全国的に取引される慣行がなく、相続税法においても取引される慣行のない地域にある場合には、この権利については評価しません。

　ただし、東京の銀座や大阪の北新地等、繁華街の商業地で店舗等の借家権が売買されている地域においては、この権利についても相続税が課税されますので留意してください。

【宅地の上に存する権利】

←借家権割合→

借地権割合　　家屋所有者　　家屋使用

土地所有者

定期借家権とはどのような権利か

POINT

　定期借家権とは、普通の借家権とは大きく異なり、更新されることがない借家権である。このため、定期借家権で貸家契約を締結すると、期間満了時には契約が終了し、立退料を支払うことなく明渡しを受けることが可能になる。

解説

1　定期借家権のあらまし

　従来の普通借家権は、これまで説明してきましたとおり、借地借家法により、正当事由制度と法定更新制度が適用される結果、契約で定めた存続期間が満了しても、正当事由が認められない限り、貸家契約は終了せず、以後は法定更新により、無期限の貸家契約が継続します。正当事由を具備していないにもかかわらず貸主が借家人に明渡しを求める場合には、借家人の居住権の放棄の対価としての立退料を支払う必要があります。

　これに対し、定期借家権とは、普通借家権とは大きく異なり、更新制度がない借家権です。更新制度がないということは、更新拒絶に関する正当事由制度が適用されませんし、法定更新制度も適用がありません。

　要するに、契約で定めた期間が満了すると貸家契約が終了するのが定期借家権です。したがって、定期借家権の場合には、契約期間満了後には借家権は消滅しますので、明渡しを求める際の立退料も一切不要となります。

　貸主から見ると、定期借家権は、賃貸期間中は賃料を受領し、契約が終了して明渡しを受ける際には立退料等の支出がないので、契約期間中の収益が確定する、いわゆる「収益確定型借家権」としての意味をもつことになります。

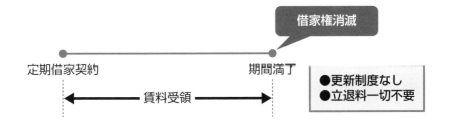

2　定期借家権の根拠となる法律

　定期借家権は、「良質な賃貸住宅の供給の促進に関する特別措置法」により法制化され、平成12年3月1日より施行されています。借地借家法第38条に「定期建物賃貸借」として、具体的な定期借家権に関する規定が設けられました。

　定期借家権が施行された平成12年3月1日以降は貸家契約を締結する際には、定期借家権として貸家契約を締結することが可能となり、従来の普通借家権としての貸家契約も可能ですから、平成12年3月1日以降は、従来の普通借家権と新しい定期借家権とが併存することになります。

　定期借家権による貸家契約は、平成12年3月1日以降に新規に賃貸借契約をする物件の場合に可能になります。

3　定期借家権のメリットと活用法

　定期借家権は、更新がなく、必ず期間の満了により貸家契約を終了させることができる借家権であるため、これまでの普通借家権にはなかったメリットがたくさんあり、これに応じた活用法が考えられています。

(1)　確実に建物の返還を受けることができる

　これまでの普通借家権では、契約期間が満了しても、正当事由が認められない限りは契約を終了させることができず、建物がいつ返還されるのか全く予測がつきませんでした。

　しかし、定期借家権による貸家契約では、期間が満了すれば貸家契約が終了するのですから、安心して建物を賃貸できるようになります。また、定期借家権の場合、期間が満了したからといって必ず退去してもらう必要

はありません。賃料をきちんと支払う優良な借家人の場合には、期間が満了した後も再契約（「更新」ではありません）を取り交わして、引き続き居住してもらうことができます。

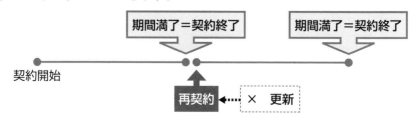

(2) 立退料の紛争が姿を消す

　これまで、老朽化した賃貸住宅を経営する土地所有者にとって、貸家契約における立退料は悩みの種でした。老朽化した賃貸住宅の危険性を考えると早期に建替えをしたいところですが、建替えのためには借家人に退去してもらわなければなりません。しかし、従来の普通借家契約の場合は、老朽化したからといって直ちに正当事由が認められるとは限らないため、借家人に退去をしてもらうためには多額の立退料を支払わなければならない場合がほとんどです。立退料を支払ったうえに、さらに新たな建物の建設費用を負担するとなると事業採算が合わない場合があり、立退料は紛争の火種となっていました。

　しかし、定期借家権で契約した場合は、立退料が生じる余地がないのですから立退料に関する紛争は起こり得ません。

(3) 自宅の個人年金化を図ることが可能になる

　従来の普通借家契約では、自宅を賃貸して賃料収入を得られても、将来、子らを住まわせるために借家人に対して立退きを請求することができませんし、運よく立ち退いてもらえるとしても高額の立退料を支払わなければならないため、うかつに自宅を賃貸することができませんでした。しかし、定期借家権の場合は、必ず自宅は戻ってきますし、立退料も一切不要であるため、安心して自宅を定期借家権で賃貸して、賃料収入を個人年金として生活の支えにすることが可能となりました。

(4) 賃料の滞納が減少する

　普通借家権で住宅を賃貸した場合、通常、賃料の滞納が3か月分以上に

なれば、契約違反を理由に賃貸借契約を解除することが可能です。しかし、借家人によっては、1〜2か月分滞納はするものの、解除が可能となる3か月分になる前に一部を支払い、その後も賃料の滞納を繰り返すというケースもあります。賃貸人としては頭の痛い問題ですが、だからといって、契約期間満了日に正当事由が認められるわけでもありませんので、賃料滞納を繰り返す借家人に対し、退去を求めることもできませんでした。しかし、定期借家権で貸家契約をすれば、賃料滞納を繰り返す借家人に対しては、期間満了日に再契約をせず、退去するよう求めることが可能になります。

逆に、借家人からすれば、賃料滞納を繰り返していると、次の期間満了時には再契約してもらえず退去することを覚悟しなければなりませんので、借家人としても賃料は可能な限り支払わざるを得ないことになります。

⑸　いわゆる「不良借家人」が姿を消す

賃貸住宅等を経営していると、共同住宅建物のルールに従わない、近隣住戸に迷惑をかけるといった住人に悩まされることがあります。例えば、夜中に大音量の音楽をかけて隣室からクレームが出るとか、ゴミ出しのルールを守らず建物周辺が不衛生になるなどです。こうしたケースも従来の普通借家権の場合、明渡しを求める正当事由と認められることはほとんどありません。しかし、定期借家権で貸家契約をしている場合は、契約期間満了時に再契約をしなければ、それらの迷惑借家人は期間満了日には立ち退くことになります。定期借家であれば、いわゆる「不良借家人」の迷惑行為の抑止力としても期待できます。

このように定期借家権を活用した貸家契約をすることにより、これまでにないメリットを享受する賃貸経営が可能になります。今後とも活用方法をより工夫することにより、リスクの少ない賃貸経営が可能になります。

| 定期借家権 | ●更新制度なし（正当事由制度の適用なし）
●立退料一切不要 |

① 確実に建物の返還を受けることが可能	④ 賃料滞納の減少が期待できる
② 立退料に関する紛争がない	⑤ 不良借家人の排除が可能になる
③ 自宅の個人年金化が可能になる	

⑬ 定期借家権の契約の仕方

POINT

定期借家権の契約の仕方は、従来の普通借家権の契約とは次の２点において異なっている。①必ず公正証書等の書面で契約することと、②あらかじめ借家人に対して書面を交付して定期借家権の特徴を説明することである。法的効果も違う面があるので注意が必要である。

解説

1 定期借家権の契約の仕方

定期借家権は、建物の賃貸借契約を締結する際に、①公正証書による等書面によって契約をするときに限り、契約の更新がなく、期間の満了により賃貸借が終了することを定めることができます（借地借家法38①）。②また定期借家権で契約をする際には、賃貸人は、あらかじめ賃借人に対し、当該賃貸借は、契約の更新がなく、期間の満了により終了することを書面を交付して説明しなければならないものとされています。

要するに、定期借家権の契約の仕方は、これまでの普通借家権とは何が異なるのかというと、次の２つの点で異なっています。

１つは、「公正証書による等書面」で契約しなければならない点です。「公正証書による等」との要件から分かるとおり、必ずしも公正証書で契約することは要求されていません。要は書面で賃貸借契約を締結すればよいわけです。

２つには、定期借家権の契約を締結する前に、あらかじめ、賃借人に対して、定期借家権の特質である①更新がない、②期間の満了により終了する、ということを書面に記載し、その書面を賃借人に交付して説明することが必要とされていることです（借地借家法38②）。

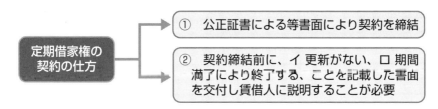

　賃借人に対して、契約締結前に書面を交付して説明することを忘れた場合には、貸家契約は定期借家権ではなく、普通借家権としての貸家契約が成立すると解されていますので注意が必要です（借地借家法38③）。

2　定期借家権の契約期間

　定期借家権の契約期間は、法律の条文上は上限も下限も規定されていません。

(1)　定期借家権の期間の上限

　これまで民法の賃貸借の条文では、「賃貸借の存続期間は20年を超えることができない。契約でこれより長い期間定めたときであっても、その期間は20年とする」と定められていたため（旧民法604）、建物賃貸借は20年を超えては契約することができないものとされていました。しかし、諸外国の例をみても、例えばロンドンでは、いわゆるプライムロケーションに存する建物の賃貸借期間は25年とされており、わが国においても賃貸借の期間を20年以下に限定する合理的な理由はありません。そこで、定期借家権の施行に伴い、現在では建物賃貸借に関しては民法第604条は適用しないものとされました（借地借家法29②）。したがって、法律上は上限の定めはありません。

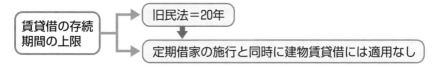

(2)　定期借家権の期間の下限

　借地借家法第29条１項は「期間を１年未満とする建物の賃貸借は、期間の定めがない建物の賃貸借とみなす」と定めており、従来の建物賃貸借契約においては、期間を１年未満とする合意は効力がありませんでした。

　しかし定期借家権の場合にはこの規定の適用がないものとされました（借

地借家法38①)。したがって、定期借家権の場合には、契約期間は6か月でも、3か月でも構いません。1か月のマンスリー賃貸も可能ですし、1週間のウィークリー賃貸も可能です。したがって、ウィークリーマンションの経営は旅館業法等ではなく借地借家法を活用して行うことが可能となりました。法律の条文上は定期借家権の下限を定めるものはありません。しかし1日の定期借家契約も理論上はあり得るとは思いますが、旅館業法との適用限界が不明確になりますので、定期借家権はなるべく1週間以上の契約期間をもって契約するほうが好ましいものと思われます。

(3) 契約終了の通知

定期借家権の期間が1年以上である場合には、賃貸人は、期間満了の1年前から6か月前までの期間(「通知期間」といいます)に、賃借人に対し、期間の満了により建物の賃貸借が終了する旨の通知をしなければ、賃貸借の終了を賃借人に対抗することができないものとされています(借地借家法38④)。「賃貸借の終了を賃借人に対抗することができない」とは、期間が満了すると定期建物賃貸借契約は終了するのですが、その終了したということを賃借人に主張することができないという意味です。その結果、賃貸人が、通知期間内に通知を怠ると、賃借人に明渡しを請求することができなくなります。ただし、その場合も、通知期間経過後に賃貸人が賃貸借終了の通知をすれば、通知の日から6か月を経過すると、賃借人に賃貸借の終了を主張することができるようになります。

(4) 期間内解約

居住用の定期借家契約の場合には、賃貸部分が200㎡未満で、賃借人が転勤、療養、親族の介護その他のやむを得ない事由により賃借人が生活の本拠(自宅建物)として使用することが困難となったときは、借家人は定期借家契約の解約の申入れができるものとされています(借地借家法38⑤)。この場合は、貸家契約は1か月を経過することにより終了します。

　要するに、定期借家契約は、上記の条件を満たす場合は1か月の予告で解約することができるものとされているわけです。なお、この規定と異なる内容の特約をしても、借家人に不利となる特約は無効とされています。

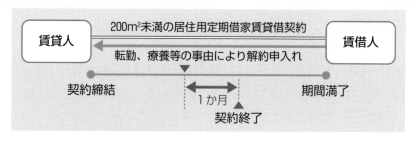

(5)　賃料増減額請求権の排除

　普通の貸家契約の場合は、契約期間中の賃料額を合意していても、経済情勢等の変動により、合意した賃料が不相当になった場合には、当事者は賃料の増減額請求権を行使することが保障されています（借地借家法32）。このため、賃料がいきなり減額されるという事態もあり得ます。

　しかし、定期借家権は、貸家契約で賃料の改定についての特約をしておけば、借地借家法第32条に定める賃料増減額請求権の適用を排除することが可能です。

(6)　既存の借家権との関係

　定期借家権に関する法律が制定されたからといって、これまでの普通借家権がいきなり定期借家権に切り換えられるわけではなく、これまでの普通借家権は従来どおり存続します。

　また、今後も普通借家権による貸家契約を締結することも可能です。要するに、定期借家権が法制化されたことにより、現在では普通借家権と定期借家権とが併存しており、賃貸人はいずれの借家権を用いて貸家契約をするかを自由に決定することができます。その意味では、定期借家権の法制化により貸家契約の選択肢が広がったと理解すればよいと思います。

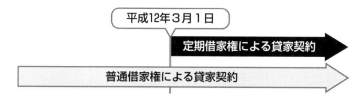

14 定期借地権とはどのような権利か

POINT

　定期借地権とは、普通の借地権とは大きく異なり、更新されることがない借地権をいう。このため、定期借地権で貸地契約を締結すると、期間満了時には契約が終了するため、必ず明渡しを受けることができ、しかも立退料や権利金が不要となる。

解説

1　定期借地権とはどのような内容の権利か

　従来の普通の借地権は、これまで説明してきたように、借地借家法の正当事由制度と法定更新制度が適用される結果として、契約で定めた存続期間が満了しても「正当事由」が認められない限り貸地契約は終了せず、「法定更新」により以後は半永久的に貸地契約が継続します。このため、正当事由を具備していないのに貸主が借地人に明渡しを求める場合には、借地人の居住権の放棄の対価としての立退料を支払う必要があり、高額な立退料が発生することが特徴でした。

　同時に、それだけ価値の高い借地権を設定するため、借地契約締結の際に高額な権利金を授受する実務慣行が発生していました。高額な権利金は、貸主の収入増となり得ますが、実際には借り手の減少というマイナス面が発生していました。

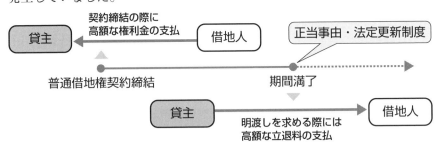

　これに対し、定期借地権は、普通借地権とは大きく異なり、更新制度の適用がない借地権をいいます。要するに、契約で定めた期間が満了すると貸地契約が終了する借地権です。このことは、当たり前のことのように思われるかもしれませんが、わが国の借地契約において「契約で定めた期間が満了すると貸地契約が終了する」という仕組みは画期的なものなのです。

　したがって、定期借地権の場合には、契約期間満了後には借地権は消滅しますので、明渡しを求める際の立退料は一切不要となり、借地契約締結時の権利金をゼロないし低額化させても、十分に貸地契約の採算が合うということになります。

　貸主から見ると、定期借地権は、貸地期間中は地代を受領し、期間が満了して土地の明渡しを受ける際には立退料等の支出が一切不要ですので、契約期間中の貸地による収益が確定する、いわゆる「収益確定型借地権」としての意味を持つことになります。

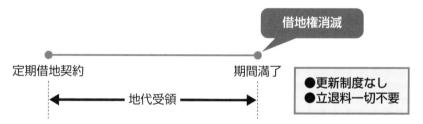

　すなわち、定期借地権は、土地所有者の土地の有効活用の手法として十分利用価値があることを意味しています。

2　定期借地権の根拠となる法律

　定期借地権は、平成4年8月1日施行の借地借家法により定められました。したがって、平成4年8月1日以降に新規に締結する借地契約では定期借地権の活用が可能です。逆にいえば、平成4年7月31日までに既に借地契約を締結している土地については定期借地権は原則として活用できないことになります。唯一の方法として、平成4年7月31日までに普通借地権を設定していた土地については、従来締結している普通借地契約を貸主と借地人との合意で解除すれば、それまで契約していた普通借地権が消滅

しますので、その後は平成4年8月1日以降に新規に借地権を設定することになりますので、定期借地権を活用することが可能になります。

平成4年8月1日以降に新規契約物件
→借地借家法適用
〔この物件が定期借地契約可能〕

（原則として旧借地法が適用）

平成4年7月31日までの契約
→旧借地法適用物件

3　定期借地権を活用した場合に得られる収入

⑴　地代収入

　定期借地権を設定すると、まず第一に地代収入が得られます。地代は立地条件にもよりますので地域によって異なりますが、居住系の定期借地権であれば土地価格の0.5～2％程度、事業系の定期借地権の場合はその事業の収益性により大きく幅があり、2～7％程度のものが少なくないように思われます。

⑵　権利金又は保証金

①　権利金

　定期借地権は、期間が満了すると、借地権が消滅してしまう借地権ですから立退料が不要になります。したがって、理論的には、それまでの普通借地権の実務であった「権利金」もゼロとしても採算が十分に合うはずです。少なくとも定期借地権の場合は権利金をかなり低額としても採算に問題はありません。

　実際の例を見ても、普通借地権の場合の権利金は居住系の借地の場合で4～6割、商業系の借地では7～8割という地域が少なくありませんが、定期借地権の権利金は、おおむね1～3割程度のものが多いようです。

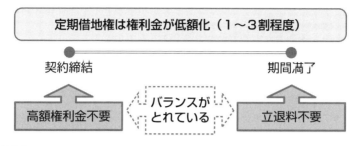

② 保証金

　定期借地権の場合は、権利金は徴収せず、保証金の預託を受けるというケースが多く行われています。保証金は、敷金と同じく将来契約終了時には返還することになりますが、定期借地権の期間が満了するまで預かることができますから、次に述べる定期借地権の期間に応じて10年〜50年以上の預託を受けて運用益を取得することが可能です。

③ 前払地代

　定期借地権では、権利金や保証金方式のほかに、一時金を「前払地代」として受領することも可能です。前払地代とは、一定期間の賃料の一部又は全部を貸主に一括前払いして支払うことです。前払いされた額については、貸主は前払の期間中、これを均等に地代に充当していきます。貸主は受領した前払地代を税務上は「前受収益」として、借地人は「前払費用」として処理することが可能です。

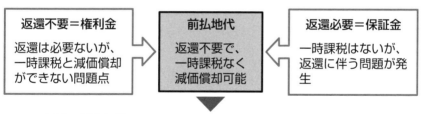

⑮ 定期借地権の種類

POINT

定期借地権は、①一般定期借地権、②事業用定期借地権、③建物譲渡特約付借地権の３類型が認められている。このうち②の事業用定期借地権は、借地上の建物は専ら事業用でかつ非居住用に限るとされているが、①、③については用途の制限は一切ない。

解説

定期借地権の種類

定期借地権は、現在３類型が認められています。

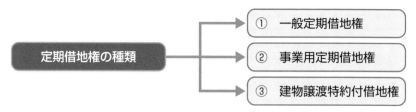

　もともと、定期借地権が法制化された当初は、①存続期間を50年以上とする「一般定期借地権」、②存続期間を10年以上20年以下とする定期借地権で、専ら事業用でかつ非居住用建物の所有に用いられる「事業用借地権」、③存続期間を30年以上とする借地権に、30年以上経過した日に借地上の建物を相当の対価で借地人から貸主に譲渡する旨の特約を付した「建物譲渡特約付借地権」の３類型が認められていました。

　要するに、当初は、長期型の「一般定期借地権」、短期型の「事業用借地権」、中期型の「建物譲渡特約付借地権」という、長、短、中のメニューが揃えられていたということです。このうち、事業用借地権については、平成20年１月１日施行の借地借家法の一部を改正する法律により、名称が「事業用定期借地権」と変更されるとともに、存続期間が従来の10年以上20年以下とされていたところを、新たに10年以上50年未満と伸長されることに

なりました。事業用借地権は借地を希望する事業者も多く、かなり普及していますが、事業用借地権の上に建てられる建物の耐用年数は同借地権の最長期間である20年を超えており、建物の耐用年数と事業用借地権の存続期間のミスマッチが問題であると指摘されていました。平成20年1月1日施行の法改正はこれに応えたもので、事業用定期借地権の存続期間を50年未満に伸長し、建物の耐用年数とのバランスが取れるように配慮されています。

(1)　一般定期借地権

　この借地権は長期型の定期借地権として立法化されたものです。この定期借地権の成立要件は、次の5つです。

- ①　存続期間を50年以上の確定期間を定めること
- ②　契約を更新しない旨の特約をすること
- ③　建物を再築しても存続期間を延長しない旨の特約をすること
- ④　借地借家法第13条の建物買取請求権を行使しない旨の特約をすること
- ⑤　上記②～④の3つの特約を公正証書による等書面で行うこと

　この定期借地権の借地上に建築される建物の用途には一切限定がありません。したがって、この定期借地権を利用して一戸建住宅、アパート・マンション等の共同住宅、オフィス、店舗等の事業用の建物のいずれも建築が可能です。存続期間が満了すれば、借地人は借地上の建物を借地人の費用負担で取壊し、更地として貸主に返還する必要があります。

(2)　事業用定期借地権

　この借地権は、当初の存続期間は10年以上20年以下でしたが、現在では10年以上50年未満とされています。成立要件は、専ら事業の用に供する建物（居住用建物を除く）を所有する目的であることです。

　したがって、事業用定期借地権を活用して賃貸マンションを経営することは認められていません。賃貸マンションは事業用の建物ではありますが、居住用建物に該当するからです。

　事業用定期借地権は、契約を公正証書で行うことが絶対的な要件です。一般定期借地権は、「公正証書による等書面」で行うことが要件であり、必ずしも公正証書にしなくとも書面を作成すればよいのですが、事業用定期

借地権の場合は必ず公正証書により契約しなければなりません。契約を公正証書で締結しないと、事業用定期借地権としての効力は発生しませんので、注意が必要です。

事業用定期借地権
① 専ら事業の用に供する建物（居住の用に供するものを除く）所有目的
② 存続期間は10年以上50年未満
③ 契約は公正証書で締結

 注意 **公正証書で締結しないと効力が発生しない!!**

(3) 建物譲渡特約付借地権

　建物譲渡特約付借地権は、借地権自体は存続期間を30年以上とする普通借地権でも、存続期間を50年以上とする一般定期借地権でも、いずれでもかまいません。これらの借地権に、借地上の建物についての譲渡特約を付したものが、「建物譲渡特約付借地権」となります。

　この借地権は、設定後30年以上を経過した日に貸主が借地人から借地上の建物を相当の対価で譲渡を受けることにより、借地人の借地権を消滅させるものです。具体的には、借地権設定契約と同時に、借地上の建物について、①確定期限付売買契約を締結するか、②将来の売買予約契約を締結するか、のいずれかの方法によります。

　これらを一覧表にすると次表のようになります。

	一般定期 借地権	事業用定期 借地権	建物譲渡特約付 借地権
借地権の 存続期間	50年以上	10年以上50年未満（※）	30年以上
権利の内容	３つの特約が有効。 ① 更新しない ② 建物再築に伴う存続期間の延長をしない ③ 建物買取請求権を行使しない	〈10年以上30年未満の場合〉 借地借家法の次の３つの規定を適用しない。 ① 法定更新 ② 建物再築に伴う存続期間の延長 ③ 建物買取請求権 ・・・・・・・・・・・・・・・・・・・・・・ 〈30年以上50年未満の場合〉 左記の３つの特約	賃貸借契約締結時に、築後30年以上経過した日に地主が借地人から借地上建物の譲渡を受ける旨を特約し、地主が建物を買い受けることにより借地権が消滅する。
契約期間満了時の処理	借地人は建物を収去し更地にして返還	借地人は建物を収去し更地にして返還	地主は、契約時に定めた時期に借地人から建物を買い取る（この類型のみ、建物が将来も存続する）。
契約方式	上記①〜③の３つの特約を公正証書等の書面で契約する。	賃貸借契約を公正証書でしなければならない。	法律上は格別の制限なし。口頭でも成立。ただし、実務上は建物の仮登記を経由。

（注）①　一般定期借地権は利用形態には一切制限がない。

　　　②　事業用定期借地権は、事業用建物敷地かつ非居住用に限定される。

　　　③　建物譲渡特約付借地権は将来、建物の買取りが必要となる。

（※）　平成４年８月１日施行の借地借家法では10年以上20年以下（現行の借地借家法は平成
　　　20年１月１日施行）

16 定期借地権の相続税評価

POINT
　保証金等の受け取った経済的利益により異なるが、一般定期借地権を設定した宅地の相続税評価額は、借地権割合に応じ当初45％から25％まで下がる。事業用定期借地権用地や建物譲渡特約付借地権用地は原則として20％の評価減となっている。ただし、期間が経過するほど定期借地権用地の相続税評価額は毎年増える。

1　一般定期借地権を設定した土地の相続税評価

　一般定期借地権用地として土地を賃貸しますと、地域区分にもよりますが次の図表のように、相続税評価額が当初45％から25％も下がります。

一般定期借地権の評価額

底地の価額（Ａ）＝更地の相続税評価額（Ｂ）－一般定期借地権相当額（Ｃ）

（Ｃ）＝（Ｂ）×（１－底地割合（Ｄ））×逓減率（Ｅ）

（Ｄ）　評価通達による底地割合

路線価図の地域区分	普通借地権割合	一般定期借地権が設定された時点の底地割合
Ｃ地域	70％	55％
Ｄ地域	60％	60％
Ｅ地域	50％	65％
Ｆ地域	40％	70％
Ｇ地域	30％	75％

（E）　逓減率

> 課税時期におけるその一般定期借地権の残存期間年数に
> 応じる基準年利率による複利年金現価率
> ──────────────────────────────
> 一般定期借地権の設定期間年数に応じる
> 基準年利率による複利年金現価率

【一般定期借地権等の場合】

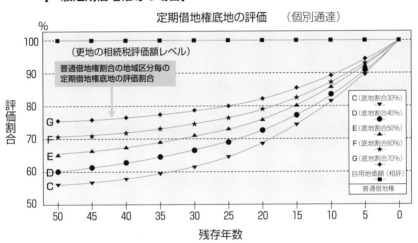

定期借地権底地の評価　　（個別通達）

この表のように期間の経過とともに、相続税評価は逓増していきますが、10年経過前後までは評価増は大きくありません。

2　一般定期借地権以外の定期借地権の相続税評価

A地域・B地域、そしてその他の地域でも同族関係者等に対する建物譲渡特約付借地権や事業用借地権及び一般定期借地権を設定した宅地の評価額は原則どおり、次ページ(1)の計算式を適用して計算することになります。

この算式で計算した定期借地権の評価額を自用地価額（更地評価額）から差し引いて、定期借地権用地の相続税評価額とします。ただし、その金額より(2)の簡便法の算式で計算した金額のほうが低いときにはその金額を評価額とします。

(1) 一般定期借地権以外の原則法

（A） 次の①〜④のいずれかを自用地価額で割った割合

① 権利金の授受がある場合 ➡ 権利金の額

② 保証金の授受がある場合 ➡ 保証金の授受に伴う経済的利益の額

③ 低額の地代である場合 ➡ 毎年享受すべき差額地代の現在価値

④ 一括前払賃料の授受がある場合 ➡ 未経過前払賃料の額

（B） 逓減率

$$\frac{残存期間に応じる基準年利率による複利年金現価率}{設定期間に応じる基準年利率による複利年金現価率}$$

(2) 簡便法

$$底地の価額（A）＝更地の相続税評価額（B）－（B×減額割合（C））$$

（C） 建物譲渡特約付借地権や事業用借地権の減額割合

残存期間		更地評価額に対する減額割合
	5年以下	5％
5年超	10年以下	10％
10年超	15年以下	15％
15年超		20％

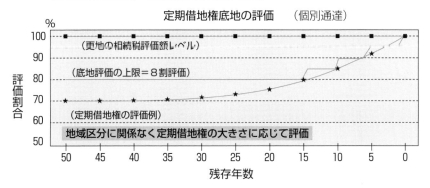

【事業用借地権等の原則的な評価の場合】

定期借地権底地の評価　　（個別通達）

　評価方法の算式や上のグラフでもわかるように、期間が経過するにつれて、定期借地権用地の相続税評価額は毎年増えることに注意してください。

3　同族会社が土地を定期借地権で借りた場合

　一般定期借地権で土地を貸すと大きく土地の相続税評価額が下がるので、同族会社と定期借地契約を締結する手法が行われるようになりました。そのような契約には法律上の厳しい賃貸関係は認められないとして、課税上は同族会社との定期借地権契約に限り、一般定期借地権以外の評価方法を採用しなければなりません。結果として、多額の一時金の授受がない限り、一般定期借地権であっても20％しか評価が下がりません。

　また、その定期借地権の評価は会社の株式評価の計算上、資産として計上することになります。株主が地主であれば効果はないといえるでしょう。ただし、他のさまざまな相続税対策はしっかりしているという前提であれば、無償返還の届出や相当の地代、同族間の賃貸借契約といった手数のかかることをせずに、土地の賃貸借を確実に立証できるのですから、なかなか優れた方法ともいえるでしょう。

　なお、事業用借地権で貸すと一般的に期限が短いケースが多いので、評価減がどんどん減少します。いったん会社と一般定期借地権を締結したうえで、会社が事業者と転貸事業用借地権を締結すれば、土地は同族会社に対する一般定期借地権用地として20％の評価減が当分の間確保できるといえるでしょう。

第2章

貸家問題の法律と税金の問題解決策

老朽貸家は何が問題となるのか

Question

　私の経営している賃貸住宅は既に築後35年を経過しました。老朽化した賃貸住宅は放置していると所有者にいろいろな負担がかかってくるので、建替えや売却等の見直しをすべきとの意見を最近聞きました。老朽貸家は何に注意すべきなのでしょうか。

Answer

 POINT

① 貸家が老朽化すると空室が増え、高い家賃も徴収できない。
② 修繕箇所が増えてコストが増加するため事業採算が悪化する。
③ 収入不足で修繕にかける資金的余裕がなくなり修繕を行えない。
④ 老朽化のため地震等で倒壊すると貸主に損害賠償責任がある。

解説

1　老朽貸家の問題点

(1)　老朽貸家の悪循環

　賃貸住宅が老朽化してくると、周囲の賃貸物件に比較して質が劣っているとみられ、高い家賃を徴収することができなくなります。また空室も増加するため、全体的に家賃収入が低下する恐れが出てきます。

　他方では、老朽化が進むと修繕が必要となる箇所も増加し、修繕費用がかさんできます。しかし、空室が増加して家賃の取れない部屋が増えている状態では、必要な修繕に十分な資金を振り向けることができなくなってしまいます。

　そうすると、老朽化がますます進み、空室が増加し、家賃はさらに下げないと入居者が得られないという悪循環に陥ってしまいます。

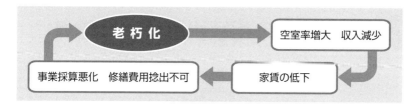

⑵　老朽化による事故等の発生の危険性

　賃貸住宅が老朽化してくると、建物への不具合が進行し、建物に損傷が発生するだけではなく、建物に生じた不具合により入居者又は第三者に損害を与える場合があり得ます。

　賃貸建物の外階段が時間の経過とともに劣化し、4階建の共同住宅の4階に居住している入居者を訪ねてきた第三者が外階段を上っていたところ、3階部分と4階部分の間で階段の桁が破損し、4階部分近くから3階部分の階段踊り場まで落下し、骨折する等の大怪我をしたという事例があります。このような場合に、損害賠償責任を負うのは、最終的には建物所有者である貸主なのです。

　建物が老朽化したことによる不具合により第三者に損害が発生した場合は、建物のオーナーが責任を取ることになりますので、そうした事態が生じないよう、賢く賃貸物件を管理していくことが必要です。

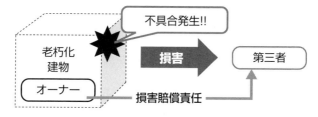

⑶　賃料減額請求権

　老朽化が進行すると、近傍類似の賃貸物件と比較しても家賃が相対的に高いと判断されることが多くなります。このような場合、借家人から賃料減額請求権を行使される恐れがあります。賃料減額請求権を行使されると、客観的な適正賃料額への値下げをせざるを得ない場合がありますので、こうした事態が生じないよう、適正な時期に、適正な修繕等を行い、貸家の老朽化を食い止めることが必要なのです。

賃貸建物の相続税評価と問題点

Question

　建物を賃貸していると、宅地や建物の相続税評価は非常に有利だそうですが、古くなって空室が目立っている場合、どのような問題があるのでしょうか。

Answer

POINT

① 貸家建付地の評価は賃貸割合により評価が異なる。

② 貸家も賃貸割合により評価が異なる。

③ 一時的な場合を除き長期間の空室は賃貸とみなされない。

④ 相続税評価のポイントは賃貸割合を高めること。

解説

1　貸家建付地・貸家の相続税評価

　賃貸建物（住宅、店舗等の用途を問いません）の敷地はその利用が制限されることもあって、自用地の評価額から次の計算式による額が軽減されます。

　「借家権割合」は全国一律30％となっています。「賃貸割合」はその貸家の独立部分の床面積の合計額に占める、課税時期において賃貸されている独立部分の床面積の割合をいいます。

　また、賃貸建物も固定資産税評価額から借家権割合（30％）に賃貸割合を乗じた額を控除することができますので、相続税評価額は非常に低くなっています。

2　空室が増えてきた場合の相続税評価

　建物の賃貸をしている家主さんが1番気をつけるべき相続税対策のポイントは賃貸状況です。その貸家に賃借人がいない場合には自用地、自用家屋として評価されるため、評価減がなくなってしまいますから、貸家が建っている意味がなくなってしまいます。かえって、建物という財産が増えることになるのです。

　昨今の賃貸住宅は、一戸建てより、文化住宅・アパート・マンション等の集合家屋が大半を占めていますが、この場合は前述したように、全体の床面積に占める賃貸部分の床面積の占める割合を「賃貸割合」とし、借家権にこの賃貸割合をかけることになります。まさに、空室部分が増えるとその割合に応じ、相続税評価も上昇するという悪循環が繰り返されるのです。

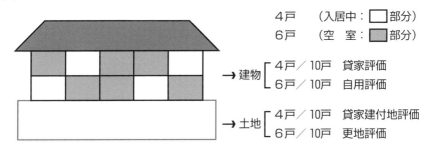

3　空いている期間によって取扱いが変わる

　相続が発生した時にたまたま空室であった場合は心配はいりません。相続時に、一時的に賃貸されていなかったと認められるものは、相続税法上、賃貸が継続しているものとして取り扱われ賃貸割合が計算されるからです。一時的に賃貸されていなかったと認められるかどうかは、次のような事実関係から総合的に判断されます。

①	相続前に継続的に賃貸されていたか。
②	借家人の退去後速やかに募集を開始したか。
③	空室の期間、他の用途に利用していないか。
④	空室の期間が相続の前後、数か月程度であるなど一時的期間か。
⑤	課税時期の賃貸が一時的なものでないか。

　したがって、家屋が老朽化しており募集をしてもここ数年誰も入居がない場合や、近い将来、この老朽家屋を取り壊すことを検討し、入居者の退去後募集をしていない場合には賃貸していないものとされます。

　空室に新たな賃借人が見つからない老朽貸家は、敷地の相続税評価は新築の貸家より高くなっており、収益的にも税務的にもかえってお荷物になっている資産といえるでしょう。

賃貸割合を高め
敷地の相続税評価を下げる

老朽貸家

賃貸住宅を新築

ワンポイントレッスン

Q　親の所有している賃貸建物を子に贈与した場合、親の土地に子の賃貸建物があることになるのですが、自用地評価になるのか心配です。その敷地の評価はどうなるのでしょうか。

1　親族の使用貸地は自用地評価

　親子の間で地代の支払をしないで土地の貸し借りをしても、使用貸借として税務上贈与税の課税がされるようなことはありません。しかしこの場合、土地の所有者が建物を所有していませんので、その土地は貸家建付地ではなく自用地となり、何の評価減額もありません。

2　賃貸物件を贈与しても貸家建付地評価のまま

　賃貸物件の敷地については、贈与した時点では賃貸借契約の存在している建物の敷地でしたので、権利関係が残っているとされ、自用地とはならず貸家建付地として評価され続けます。建物については、現金のまま所有していた場合と比較し、賃貸物件として評価を下げて贈与できるうえ、相続が発生した場合でも、その敷地についても貸家建付地として相続税法上のメリットを享受できるということになります。

3　賃借人が入れ替わるたびに自用地評価に

　ただし、贈与後借家人が退去して、新たな借家人が贈与を受けた人と賃貸借契約を結んだ場合、地主本人と新借家人とはなんら権利関係がないため、その貸家に係る部分の敷地（集合住宅の場合は全体の床面積に占める割合で敷地をあん分します）については地主本人と受贈者の使用貸借契約となり、自用地として評価されます。

　したがって、建物の贈与後借家人が代わるたびに、歯が抜けていくように土地が自用地になっていきます。

4　貸家建付地評価が変わらない一括借上げ制度

　これまで述べたとおり、建物を贈与しても、その時点の賃貸借契約は引き継がれることになりますので貸家建付地として評価しますが、新たな借家人と贈与を受けた人が賃貸借契約を結んだ場合、その貸家に係る部分の敷地については、自用地として評価されます。

　つまり、建物を贈与した時点における借家人が変わらない限り、その土地は貸家建付地として評価できますので、企業への一括貸しやサブリース契約、あるいは解約不可を特約条項にした定期借家契約を締結するなど、借家人が変わらない方法をとることができれば、相続税対策において、土地について評価減を確保できるといえるでしょう。

3 老朽貸家の修繕費用は誰が負担するのか

Question

当社の所有している賃貸アパートは既に築後30年以上経っています。最近の入居者はこのような老朽化アパートであることを前提に安い家賃で入居しているのですが、それでも、こうした老朽化住宅の修繕は当社が負担すべきなのでしょうか。

Answer

POINT

① 民法では、原則として、貸主が必要な修繕を行う義務がある。

② 貸主が修繕をしない場合は、借家人が貸主の負担で修繕できる。

③ 借家人は必要な修繕をした費用を貸主に請求することもできる。

④ 修繕義務を貸主が負わない旨の契約もすることができる。

解説

1 貸家の修繕義務

貸家が老朽化して修繕すべき箇所が発生した場合、その修繕は誰が、誰の費用負担で行うのでしょうか。借家人が使用を続けてきた結果、修繕すべき箇所が出てきたのだから、借家人が自ら負担せよという意見もあるかもしれません。

しかし、民法では、修繕義務が誰にあるのかについては、「賃貸人は、賃貸物の使用及び収益に必要な修繕をする義務を負う。ただし、賃借人の責めに帰すべき事由によってその修繕が必要となったときは、この限りでない。」（改正民法606①）と定めています。その趣旨は、賃貸人は、賃貸物件を賃借人に使用収益させることにより賃借人から賃料を収受しているのですから、賃料を請求する以上は賃貸物件を賃借人の使用収益が可能な状態に

すべき義務があるというものです。

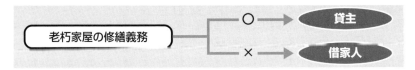

(1) 修繕義務の発生の前提

　貸主に修繕義務があるといっても、修繕義務が認められるためには、その修繕が必要なものであって、かつ、修繕が可能であることが前提条件です。

① **修繕の必要性**　修繕が必要であるということは、修繕をしないと、契約で定めた目的で賃貸物件を使用収益することができなくなるという意味であると解されています。したがって、貸家契約の場合、その修繕をしないと、住居としての使用収益に支障を生ずるような場合には、貸主に修繕義務があると解されます。

② **修繕の可能性**　修繕が可能であるか否かは、物理的、技術的に修繕が可能であることが前提となりますが、それだけではありません。経済的にみて修繕が可能か否かも判断の材料となると解されています。

　例えば、修繕は技術的には可能だが、新築と同様の費用を要するような修繕は、コストパフォーマンスの観点でみると、これを貸主に強制することには無理があると考えられますので、経済的に見れば修繕不能と解されることになります。

(2) 修繕義務の免除の合意

　貸主の修繕義務を免除する合意は、一般的には有効と解されています。築年数の経った古い貸家で家賃も相場に比べて安いような物件では、貸主の修繕義務を免除する旨を合意しておくのも1つの方法です。

(3) 修繕義務の不履行

　仮に、貸主が必要な修繕義務を怠った場合は、貸主の債務不履行（契約を守らないこと）によるものとして借家人は貸主に対して損害賠償請求ができることになります。判例では、借家人は損害を受ける限度において賃料の支払を拒むことができるとされています（大審院大正5年5月22日判決）。

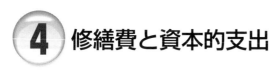

4 修繕費と資本的支出

Question

貸家に手を加える場合において、修繕費としてその年の必要経費になる
ケースと、資産として減価償却するケースの取扱いの違いはどうなってい
るのでしょうか。

Answer

POINT

① 修繕費は通常の維持管理・機能低下の修復の費用に限定される。
② 資本的支出は使用期間の延長か価値の増加をさせるものである。
③ 修繕費はその年の費用、資本的支出は減価償却資産となる。
④ 区分けが困難な場合には形式基準による取扱いがある。

解説

1 修繕費の取扱い

　老朽貸家にとって維持管理は重要です。賃借人に気持ちよく過ごしても
らうために、こまめに修理・修繕をして建物のメンテナンスを心掛けたい
ものです。修繕費は不動産所得の計算上必要経費となりますが、税務上の
修繕費は一般的に修繕費といわれているものとは異なり、固定資産の通常
の維持管理のため又は固定資産の機能等が低下した個所を元の状態に修復
するための費用をいいます。

　例えば、比較的大規模な修繕を行ったときに、修繕費であると認識して
いても税務上は「修繕によりその建物の価値が増加した」あるいは「使用
可能期間が延びた部分がある」とされた場合、価値増加部分あるいは試用
期間延長部分は、修繕費として必要経費に算入するのではなく、「資本的支
出」として固定資産に計上し、減価償却費の対象とすることになっています。

実務上は、明らかに修繕費あるいは資本的支出といえるものは別にして、修繕費か資本的支出になるかは明確に判断ができるものではありません。そこで、通達により次表のような形式的な修繕費の判断基準が設けられています。

2　修繕費の判断基準

少額又は周期の短い費用	次のいずれかに該当する場合は、全額修繕費になります。 ① 一の修理、改良のために要した金額が20万円未満であること ② その修理、改良がおおむね3年以内の周期で行われるものであること
形式基準による修繕費の判定	一の修理、改良のための費用が修繕費か、資本的支出かが明らかでない場合で、次のいずれかの基準を満たせば修繕費としての処理が認められます。 ① その金額が60万円に満たない場合 ② その金額が、その修理改良に係る固定資産の前年12月31日における取得価額のおおむね10%相当額以下である場合
修繕費と資本的支出の区分の特例	一の修理、改良に要した金額のうち、修繕費か資本的支出かが不明の金額がある場合、継続適用を条件に、次の処理が認められます。 （判定基準） 支出した金額×30%／前年12月31日における取得価額×10% → どちらか少ない金額が修繕費となる／支出金額−修繕費＝資本的支出

修繕費にはならず、減価償却の対象になるからといって不利になるわけではありません。次の世代に減価償却費を残すと思えば、結果として相続税対策になるともいえるでしょう。

高額の修繕費は生前実行が有利

Question

　老朽家屋には多額の修繕費がかかりますので、家賃を据え置くけれども修繕はしないでおく場合と、資金を負担して修繕を行い、家賃を少しでも上げるよう努力する場合では、どちらが税務上有利なのでしょうか。

Answer

POINT

① 老朽家屋の相続税評価は固定資産税評価額である。

② 家賃や修繕と評価額は無関係となっている。

③ 評価額に影響しない高額な修繕は相続前に行うほうが有利である。

解説

1　建物の評価と建築価額は無関係

　家屋の相続税評価額は、既に説明してきましたように、財産評価基本通達によると、実際に支払った建築費用とは関係なく、市町村の定めた固定資産税評価額となっています。固定資産税評価額は建物の請負金額とその他の諸費用を合わせた合計額と比較すると低くなっており、建築当初であれば取得にかかった資金の合計金額の60％相当額前後であることが多いようです。

　そこで、借家権（30％）をさらに控除できる貸家は、預貯金等と比較すると相続税法上非常に有利な財産であるとして、地主の方々に相続税対策として人気があります（次の事例参照）。

事例：現金2億5,000万円で収益不動産を取得（土地1億円、建物1億5,000万円）

【建物評価】

$$\underset{\text{固定資産税評価額は60\%とする}}{\boxed{\substack{\text{固定資産税評価額}\\ \text{1億5,000万円×60\%}}}} \times \boxed{\substack{\text{借家権割合}\\ (1-30\%)}} = \boxed{6,300\text{万円}}$$

【土地評価】

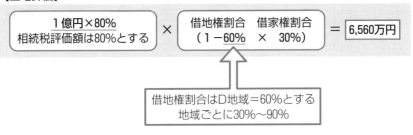

$$\boxed{\substack{\text{1億円×80\%}\\ \text{相続税評価額は80\%とする}}} \times \boxed{\substack{\text{借地権割合}\quad\text{借家権割合}\\ (1-60\% \times 30\%)}} = \boxed{6,560\text{万円}}$$

借地権割合はD地域＝60％とする
地域ごとに30％〜90％

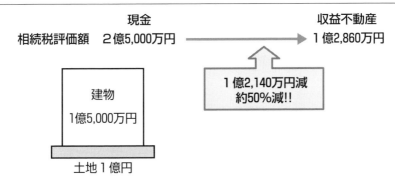

	現金	収益不動産
相続税評価額	2億5,000万円	→	1億2,860万円

1億2,140万円減
約50％減!!

建物
1億5,000万円

土地1億円

ただし、家屋の固定資産税評価額は３年ごとの評価替えの年に、再建築価格に基づき減価償却して評価し直されることになっていますので、毎年評価が下がり続けるものではありません。とくに、建築後経過年数が経ち老朽化した家屋についても再建築価額から考慮して評価額が付されているので、取壊しが前提である家屋に対しても相続税が課税されることになり、かえって不利といえるでしょう。

2　修繕費と固定資産税評価額との関係

　老朽家屋はあちこちの設備に問題が生じ、例えば、ベランダの手すりの塗替え、冷暖房器具の取換え、屋根や壁の修理など次々修繕を行う必要が出てきます。本章❸で説明しましたように家主には修繕義務があり、修繕をきちんと行うことは税金面で不利にはなりません。というのは、修繕したからといっても資産価値が上がるわけでないので、固定資産税評価が上がるわけではなく、税金負担増の心配をする必要がないのです。

　また、後継者にとって、必要不可欠な大修繕は、生前に被相続人に行っておいてほしいことです。老朽家屋の大修繕が終わってこれからは修繕費があまりかからない建物を相続するのに比べ、修繕がほとんどされておらず相続後に多額の資金負担が想定できる老朽家屋を相続しても、固定資産税評価額は同一なので、相続税の負担に差はないからです。

3　修繕して家賃はきちんともらう

　しっかり修繕するかわりに低額の家賃を世間並みまで引き上げる家主と、家賃を据え置くかわりに借家人に自分で修繕費を負担してもらう家主とは、どちらがよい家主でしょうか。まず、相続税評価上はどちらも同一の評価で課税されますが、相続人にとっては相続後の家賃が異なります。

　賃貸物件がしっかり修繕されて世間相場の家賃をもらっている場合でも、修繕がほとんどされておらず世間相場の家賃をもらうことができない場合でも、相続税評価額は路線価を基準としていますので、宅地の評価額は同一となるのです。

　家主が修繕費を負担すると、それに要した預金という相続財産が減少す

るにもかかわらず貸家及び貸家建付地の評価は上がりませんので、借家人に修繕費を負担してもらい家賃を据え置くのに比べ、相続税が減少します。にもかかわらず、相続後の収入の維持が見込まれるのですから、相続人にとってはきちんと修繕して貸家の財産価値を守るとともに、借家人との交渉によりこれからの適正家賃を確保しておいてくれれば、こんなに喜ばしいことはありません。

　家主の務めを果たし、また、相続税対策の一助ともなる、「貸家の修繕」について考慮すべき価値は十分あります。

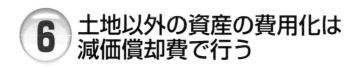

6 土地以外の資産の費用化は減価償却費で行う

Question

　土地は減価しない資産なので費用化できず、貸家や減価償却資産は減価償却することによって費用化することができるそうですが、減価償却とはどのような制度なのでしょうか。

Answer

POINT

① 　資産に投下した金額は消耗品費か資産の取得価額となる。
② 　耐用年数にわたり毎年償却費として費用化できる。
③ 　現在は建物と建物附属設備は、定額法でしか減価償却できない。
④ 　その他に償却方法としては定率法や均等法がある。

解説

1　減価償却の仕組み

　建物の建築費用や資本的支出に当たる改良費を払った人にとっては、その投下資金はすぐに費用としたいところですが、長期にわたって使用できるものですから、会計上は事業経営に使用するために取得した建物や資本的支出等の減価償却資産の取得価額をその使用する各期間にわたって費用配分することになっています。

2　減価償却費の計算

　貸家経営の必要経費の中でも大きな割合を占めるのが、建物及び修繕費のうちの資本的支出に当たる部分の減価償却費です。減価償却費の計算方法には、定額法と定率法がありますが、平成10年4月1日以降に取得した建物及び平成28年4月1日以降に取得した建物附属設備については定額法

によってしか計算することができなくなっています。

　ただし、平成10年3月31日までに取得した建物及び平成28年4月1日までに取得した建物附属設備は、従来どおり定率法による旨の届出がある場合は定率法で、定率法による旨の届出がない場合は定額法によって計算します。したがって、古い貸家の資本的支出は今までの建物と同様の償却方法によることになります。

定額法	毎年の償却額が同額になるように、次の算式で計算します。 　[毎年の償却費の額] ＝ [取得価額] × [定額法の償却率]（耐用年数表による）
定率法	初期に償却額を多くし、年が経つに伴って償却費が一定の割合で逓減するように、次の算式で計算します。 　[初年度の償却費の額] ＝ [取得価額] × [定率法の償却率]（耐用年数表による） 　[2年目以降の償却費の額] ＝（[取得価額] － [前年までの償却費の累計額]）× [定率法の償却率]（耐用年数表による）

　定額法は、毎年一定額を償却するのに対して、定率法は、当初の数年間はかなり多額の償却を行い、順次償却額が減少していく償却方法です。定率法を選択適用している場合、当初は定額法の倍以上の償却ができますので、税務上必要経費の額が増えます。しかし、築後経過年数の長い古い貸家についてはほとんど減価償却費がなく、所得税に悩まされることになります。

　多額の資本的支出となる修繕を行った場合、定率法の場合、キャッシュフローは同じでも不動産所得がマイナスになることもあります。この場合、その損失は他の所得と合算（損益通算）して、税額を低減させる効果があります。例えば給与所得があり、不動産所得がマイナスであれば、既に源泉徴収された所得税の一部が還付されるという具合です。しかし、定率法は年々償却費の額が減少していきますので、いずれの方法で計算しても耐用年数期間を通じた償却費の合計額は同じになります。

　修繕費にならないからといって、老朽家屋を放置しておくのは問題があります。資金を投入して改良し減価償却していくことは、所得税対策にも相続税対策にもなります。また、大決断をして建て替えると、より効果の大きい相続税対策となります。総合的な判断が必要です。

7 老朽貸家が地震等で倒壊した場合の責任

Question

　私の所有するアパートは既に築後45年以上経過しています。不具合も多数あるのですが、もし、今後大規模地震が発生し、アパートの倒壊により入居者が死傷した場合、家主に責任があるのでしょうか。

Answer

POINT

① 建物の欠陥で第三者に損害を与えた場合は工作物責任を負う。

② 工作物責任を負うのは第１次的には建物の占有者である。

③ 占有者に過失がないときは建物所有者が損害賠償責任を負う。

④ 建物所有者の工作物責任は無過失責任である。

解説

1 建物に生じた不具合と工作物責任

　建物が建築基準法等で必要とされる耐震性能を有していない場合には、その建物には瑕疵があることになります。瑕疵とは、分かりやすくいうと欠陥のことであり、物が通常の品質を有していない状態をいいます。

　建物に瑕疵（欠陥）があって、その欠陥によって他人に損害が発生した場合には、民法は建物所有者に工作物責任を認めています。

> 民法第717条（土地の工作物等の占有者及び所有者の責任）
> 　土地の工作物の設置又は保存に瑕疵があることによって他人に損害を生じたときは、その工作物の占有者は、被害者に対してその損害を賠償する責任を負う。ただし、占有者が損害の発生を防止するのに必要な注意をしたときは、所有者がその損害を賠償しなければならない。

(1)　「土地の工作物」

　「土地の工作物」とは、建物やブロック塀のように土地に接着して築造された設備を指します。建物は「土地の工作物」の典型的なものです。

(2)　設置又は保存の瑕疵

　「設置又は保存の瑕疵」とは、瑕疵が工作物の築造当時から存在する場合は「設置の瑕疵」となり、築造当時は瑕疵はなかったけれどもその後の維持管理の時間の経過により瑕疵を生じたものは「保存の瑕疵」となります。

2　建物所有者の責任

(1)　所有者の無過失責任

　建物が老朽化して必要な耐震性能を有しなくなった場合は、建物は「土地の工作物」ですから、土地の工作物の保存に「瑕疵」が存することになります。この瑕疵により他人に損害が生じたときは、まず責任を負うのは工作物の「占有者」です。占有者に過失がない場合には、その責任は工作物の所有者が負うとされています。しかし、民法には所有者に過失がなかった場合の規定がありませんので工作物責任は所有者の無過失責任（過失の有無にかかわらず責任を生ずるもの）とされているのです。

(2)　所有者が責任を負わない場合

　工作物責任は、「瑕疵があることによって他人に損害を生じたとき」の責任です。つまり、瑕疵がなければ工作物責任は認められません。未曾有の大規模地震により建物が倒壊した場合、例えば、当該地域が震度6〜7以上の地域で瑕疵のない健全な建物でも倒壊するような状況にあれば、瑕疵がなかったとしても建物倒壊の被害が発生しますので、瑕疵があることによって建物倒壊が生じたとはいえないことがあり得ます。このような場合には工作物責任は認められません。

　建物所有者としては、瑕疵がなければ責任を問われることは考え難いのですから、日頃から、瑕疵のない状態で建物を管理することが必要です。

家賃の滞納の場合の貸家契約の解除

Question

賃貸アパートの入居者の一人が家賃を1か月滞納しています。このまま滞納家賃を払うのを待っていてもらちがあきそうもないので、賃貸借契約を解除して立ち退いてもらいたいと思っています。契約の解除はどのようにすればよいのでしょうか。

Answer

POINT

① 家賃の滞納は契約違反であるから、契約の解除は可能である。

② 1か月分の滞納では、原則として、契約の解除はできない。

③ 3か月分以上の滞納があった場合に、契約の解除は可能となる。

④ 相当期間を定め催告しても支払わない場合に解除が可能となる。

解説

1　賃料滞納を理由とする貸家契約の解除

　家賃を1か月滞納したからといって、直ちに契約の解除はできないことに注意してください。確かに、たとえ1か月であっても家賃を滞納することは契約違反なのですが、賃貸借のような継続的な契約関係にあっては、賃借人の側の経済状態が一時的に悪化し、家賃を支払う意思はあっても、支払能力が一時的にない場合もあり得ますので、1か月分の滞納で直ちに契約を解除するのは相当ではないと考えられているのです。

　判例は、賃貸借契約の解除については、いわゆる「信頼関係破壊理論」を採用しています。要するに、継続的な契約関係にあっては、信頼関係を破壊するに足りる程度の契約違反があって、はじめて解除が認められるとされています。

| 賃料滞納 | ＋ | 信頼関係の破壊 | ➡ | 賃貸借契約の解除 |

　それでは、何か月分の賃料が不払されれば、信頼関係が破壊される程度の契約違反であると認められるのでしょうか。具体的な事案にもよりますが、一般的には３か月分の不払がなされれば信頼関係が破壊されたものと認められる場合が多いと思われます。

　ところで、信頼関係が破壊されたとみることができるのは「３か月」の不払ではなく、「３か月分」の不払であることに注意してください。

　「３か月の不払」とは、１か月分の賃料の支払が３か月間遅れているということです。つまり滞納している賃料は１か月分です。これに対し「３か月分の不払」とは、例えば３月、４月、５月分の賃料を滞納しているという意味ですので、滞納賃料額は月額賃料の３倍です。滞納賃料額が月額賃料の３倍に達すれば、一般的には信頼関係が破壊されるに足りる契約違反であるといってよいものと思われます。

2　相当期間を定めた催告

　しかし、３か月分の滞納があれば、直ちに賃貸借契約を解除できるわけではありません。まず貸主から、借家人に対し、「相当期間を定めた催告」が必要とされています（改正民法541）。「相当期間」とは、通常の賃貸共同住宅等であれば、おおむね１週間程度と考えてよいでしょう。それでも滞納賃料の支払がなければ賃貸借契約を解除することができます。この催告と解除の通知は、配達証明付内容証明郵便で行うべきです。

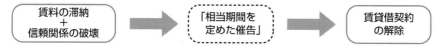

| 賃料の滞納＋信頼関係の破壊 | ➡ | 「相当期間を定めた催告」 | ➡ | 賃貸借契約の解除 |

3　正当事由との関係

　賃料滞納を理由とする解除は、賃借人の契約違反を理由とする解除ですから、「正当事由」を具備することは必要とされません。したがって、当然のことながら、賃料滞納を理由として賃貸借契約を解除し、賃借人に明渡しを求めるときは立退料は不要です。

退去時の原状回復は誰の費用で行うのか

Question

　賃貸借契約が終了し、入居者が退去した部屋を確認したところ、畳表が一部擦り切れていますし、クロスも薄汚れています。このような場合は、ハウスクリーニング費用も含めて、敷金から差し引きたいと思いますが、それで問題ないでしょうか。

Answer

> ### POINT
> ① 建物の損耗はイ経年変化ロ通常損耗ハ特別損耗の３つに区分する。
> ② 法律上は、経年変化と通常損耗分は貸主負担が原則である。
> ③ 特別損耗は借家人が原状回復義務を負う。
> ④ 敷金は特別損耗分のみを差し引くことができる。

1　賃貸借契約終了時の原状回復義務

　賃貸借契約が終了し、借家人が貸室を明け渡す際に、貸室内を検分すると、①畳表の一部が擦り切れている、②壁クロスや床カーペットが新品時に比べてくすんでいる、③煙草の焼け焦げが壁につけられている、④ハウスクリーニングが必要である等々の手直し箇所が発見されることがあります。これらは、次の借家人と契約するためには、いずれも手直しをしておかなければならない項目ですが、これらの手直しは、誰が、誰の費用負担で行うのでしょうか。

(1)　借家人の原状回復義務

　一般の賃貸借契約書には、賃貸借契約終了時の措置については、「本契約が終了したときは、借主は、貸室を原状に復して明け渡さなければならな

い」と定められているものが多いと思います。いわゆる借家人の原状回復義務といわれる条項です。

　契約書には「貸室を原状に復して」とありますが、「原状」とは何を指すのでしょうか。同じ読み方でも、「現状」という言葉は日常でも使いますが、「原状」という言葉は日常生活ではあまりお目にかかりません。「現状」とは元の有り様、元の状態、という意味です。要するに、借家人の原状回復義務とは、賃貸借契約が終了したときは貸室を元の状態に戻して貸主に返還する、という意味なのです。

　そうならば、元の状態とは、賃貸借契約を開始した当初の状態なのですから、畳表は張り替えられ、壁クロスや床カーペットも新しくした状態ですし、ハウスクリーニングも済ませた状態で賃貸していますので、借家人は、原状回復義務の履行として、①畳表を張り替える、②壁クロスや床カーペットを新品に張り替える、③煙草の焼け焦げを補修する、④ハウスクリーニングを行うことが必要ではないか、これらの費用はすべて、借家人から預かっている敷金から差し引いてよいのではないか、と考えがちです。

　しかし、民法上は、上記のうち、③の煙草の焼け焦げについての補修は当然に借家人の義務とされていますが、その他は借家人には当然には原状回復義務はないとされているので注意が必要です。

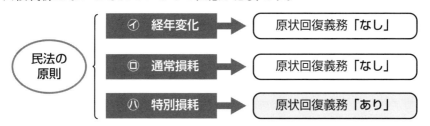

> ㋑　経年変化…建物・設備等の自然的な劣化・損耗等
> ㋺　通常損耗…賃借人の通常の使用により生ずる損耗等
> ㋩　特別損耗…賃借人の故意・過失、善管注意義務違反、その他通常の使用を超えるような使用による損耗等

⑵　通常損耗の回復義務

　賃貸借契約は、他人の物を使用収益する契約ですが、その対価として賃

料を支払うこととされています。当然ながら、賃貸借では、他人の物を使用収益する以上、契約で定めた用法どおりに使用収益したとしても一定の損耗が発生することは不可避です。

そこで、誰が使用したとしても、物を通常の使い方で使用収益する以上は当然に発生するような損耗（通常損耗）に関する費用は、賃料に含まれていると考えられているのです。したがって、改正民法では、借家人は通常損耗に対する原状回復義務は負わないということが明文化されました。改正民法については第5章で詳しく説明します。

通常損耗分＝賃貸人の負担 民法では敷金から差し引けるのは特別損耗分のみ

(3) 特別損耗の回復義務

これに対し、特別の使い方、借家人の注意義務違反となるような異常な使い方によって発生するような損耗（特別損耗）については、賃借人負担であるとされています。特別損耗に対する原状回復費用は賃借人負担ですから、その費用は敷金から差し引くことができます。

したがって、(1)の①～④のうち、③の煙草の焼け焦げは「特別損耗」に該当しますので当然に借家人負担であって、その補修費用は敷金から差し引くことができますが、③以外のものは通常損耗ないしはその回復費用と考えられますので、この部分については賃借人負担ではなく、貸主負担であると考えられているのです。

特別損耗に対する原状回復費用＝賃借人負担 ▶ （敷金）－（特別損耗補修費用）

2 民法の原則と異なる原状回復を定める特約の効力

1の(2)のとおり、通常損耗に対する原状回復分は家賃に含まれていることから、通常損耗は貸主負担、特別損耗は借家人負担というのが民法上の原則とされています。

しかし、わが国の賃貸住宅等の貸主のほとんどは、そのような認識で家

賃を設定していません。通常損耗を含めて原状回復はすべて借家人が負担するとの前提で家賃額を決定している場合が多いと思われます。

　そこで、賃貸借契約書において、「本物件については通常損耗を含めた原状回復費用は借家人の負担とする」との特約を設けた場合は、その特約は有効と認められるのかについて検討をしておく必要があります。

(1)　原状回復ガイドライン

　国土交通省は居住用賃貸借における原状回復ガイドラインを発表して、原状回復に関するトラブルの防止に努めています。ガイドラインの内容は民法上の基本原則と同じです。

　もっとも、ガイドラインは法律ではありませんし、公の秩序を定めるものでもありません。ガイドラインは、民法の原則と異なる原状回復義務の内容を合意することも許されるとの前提に立っています。ただし、民法と異なる内容を合意する場合は、その合意が無効であると主張されることも少なくないことから、ガイドラインでは民法と異なる原状回復義務を合意する場合は以下の3つの要件を満たしていなければ効力を争われることに十分留意すべきであるとしています。

賃借人に原状回復に関する特別の負担を課す特約の条件
①　特約の必要性と暴利的でない等の客観的・合理的理由の存在
②　賃借人が、特約によって、通常の原状回復義務を超えた修繕等の義務を負うことについて認識していること
③　賃借人が義務負担の意思表示をしていること

(2)　民法と異なる原状回復特約と消費者契約法との関係

　このようにガイドラインでは民法の原状回復の原則と異なる特約は有効であると解釈されているのですが、最近、民法と異なる原状回復義務を合意する契約は消費者契約法違反で無効であるとする判決もいくつか出されるに至っています。敷引特約を有効と判断した判決以外には未だ最高裁の判断が示されていませんので予断を許しませんが、民法と異なる特約をする場合は、ガイドラインの示す要件に留意し、借家人にもきちんと説明をし、理解を求めたうえで行うべきでしょう。

貸室の明渡しを実力で実現してよいか

Question

賃貸アパートの入居者が家賃を滞納しており、連絡を取ろうとしても電話には出ませんし、訪ねて行っても居留守を使っているようで連絡も取れません。ドアの鍵を交換して部屋に入れなくすれば連絡してくると思うのですが、鍵を交換しても問題はないでしょうか。

Answer

POINT

① 鍵を交換して賃借人を部屋に戻れなくするのは違法行為となる。
② 権利があっても実力で権利を実現するのは自力救済として違法である。
③ 鍵交換やドアロックは自力救済として違法である。
④ 権利を実現するには法的手続を行い適正に権利行使する。

解説

1 鍵交換と自力救済

(1) 自力救済とは

　賃貸借契約に違反している賃借人は、貸主には連絡を取り難いという心理も働き、貸主には連絡してこないことが多いようです。そうした場合に貸主が貸室の鍵を交換したり、いわゆるドアロックをしたりして、借家人が貸室に出入りできないようにすれば、借家人は部屋に入るために貸主や管理会社にその日のうちに連絡してくることが多いといわれています。

　このため、鍵を交換して借家人からの連絡を待ちたいというオーナーも少なくありません。貸室の鍵はオーナーである貸主が設置しているもので貸主が鍵の所有権を有しているのであるから、その鍵を交換するのは貸主

の自由であると考える貸主の方もおられると思われます。

　しかし、この点は慎重に考える必要があります。鍵は貸主の所有物であるとしても、鍵を借家人に無断で交換することは、法律上は、「自力 救 済」といわれる行為に該当します。自力救済とは、権利は有していたとしても、その権利を法的手続で実現するのではなく、実力で権利を実現してしまう行為をいいます。

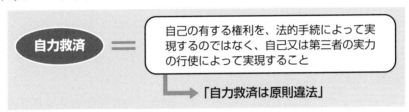

(2)　自力救済の違法性

　「自力救済」が問題とされているのは、それが違法行為であるとされているからです。権利を実現するだけで、なぜそれが違法なのかと思われるかもしれませんが、問題は権利の実現の仕方であって、法的手続によって権利を実現するのではなく、実力を用いて権利を実現するやり方そのものがよくないのです。これは、わが国が法治国家である以上は絶対に守らなければならない法的原則の１つなのです。

　相手方に金銭を貸し付けて、期限が到来しても相手方が返済しない場合は、確かに相手方に対する金銭返還請求権を有しています。そこで話合いでは相手方が返還してくれないので、法的手続を取らずに、深夜に相手方の部屋に押し掛けて、室内にあった金銭を持ち帰るとします。それは結果的には権利を実現したことにはなるかもしれませんが、果たして適法な権利行使といえるでしょうか。権利の行使は適正な方法でしなければならないのです。実力で相手方に押し掛け、無理やりに権利を実現することが許されるとすれば、われわれの社会や生活空間はたちまち無秩序となり、平穏な生活が営めなくなってしまいます。このため、法は「自力救済は違法である」との法原則を打ち立てているのです。自力救済を行うと、民法上は不法行為（民法709）に該当し、自力救済を行った者は相手方に対して損害賠償責任を負うことになります。

⑶　自力救済が例外的に違法とされない場合

　「自力救済は違法」という原則の例外として次の①、②の要件を満たした場合には必ずしも違法とは判断されないことがあります。

①　緊急性の要件
法的手続による救済を待っていたのでは回復し難い損害が発生するため、自力救済を行うことが真実やむを得ないといえる場合
②　相当性の要件
実際に行われた方法等が社会的にみて相当といえる範囲内のものであること

　注意すべきことは、緊急性と相当性のいずれかの要件を満たしていればよいというものではないということです。緊急でやむを得ない場合であって、かつ、用いた権利行使の手段が社会的にみて相当であるという要件を2つとも満たした場合にのみ、自力救済は例外的に違法とは判断されないことがあるということなのです。

2　賃借人の居住安定確保に関する法律案は廃案に

　賃貸借契約における自力救済行為を含めた不法行為等を規制するため、「賃借人の居住の安定を確保するための家賃債務保証業の業務の適正化及び家賃等の取り立て行為の規制等に関する法律案」が平成22年3月国会に上程され参議院では全員一致で通過しましたが、その後国会の会期切れによりこの法案は廃案となりました。しかし、この法案は、これまで判例で禁止されている事項を明文化することを意図したものですので、廃案になったとはいえ、この法案に定められた禁止行為は、現在の建物賃貸借の実務においても遵守することが必要と考えられているものです。したがって、この法案に禁止事項とされた行為は、賃貸人や賃貸管理業者が行うと不法行為として民事上の損害賠償責任が発生する場合がありますので、その内容を理解しておくことが必要です。

⑴　法案の概要

　この法案は、もともとは連帯保証人のいない借家人に、家賃債務保証業者が賃料債務等につき保証をしていたところ、家賃債務保証業者が、家賃

を滞納した借家人に代わって保証責任を履行し、滞納をした借家人に対して求償権（借家人の債務を代わって弁済したことによる弁済金を本来の債務者である借家人に対して請求する権利）を行使する際、深夜に借家人の自宅に押し掛けて支払を強要したり、玄関のドアノブにロックをかけて借家人に出入りをできなくさせる等の行為が多発したため、違法な家賃等の取立てを禁止すること等を目的として制定されたものです。ただし、規制の対象は、家賃債務保証業者のみではなく、賃貸業者（賃貸人）や、賃貸人から家賃の取立てを委託された管理業者も含まれることを予定していました。

(2)　禁止事項

　法案が禁止しようとした行為は、主に次のような行為でした。

①　面会、文書送付、貼り紙、電話等の手段を問わず、人を威迫すること	
②　人の私生活又は業務の平穏を 　　害するような言動	・鍵の交換・ドアロック等 ・借家人所有の動産の持ち出し・保管 ・深夜・早朝の督促行為 ・上記の行為を予告すること

　この法案では、要するに、権利の行使であっても、人の生活や業務の平穏を害するような行為はしてはならないと定めています。注意していただきたいのは、(2)の②の「上記の行為を予告すること」も禁止される行為に含まれていることです。例えば、賃料を滞納している借家人に対して、「家賃を払ってください。そうでないと、鍵を交換して部屋には入れなくしますよ！」ということは、鍵交換を予告したことになります。

　権利の行使を適正に行い、かかる指弾を受けることのないように心がけたいものです。

11 貸家の明渡請求には立退料が必要か

Question

　私の経営する賃貸アパートも老朽化して、修繕箇所が増え、修繕費用もかさむので、それであれば、いっそのこと建て替えたいと考えています。建物の老朽化による建替えであっても、借家人に退去してもらうには立退料を払う必要はありますか。

Answer

POINT

① 普通借家による貸家契約では立退きには正当事由が必要である。
② 正当事由を具備しない場合は、法的には立退請求権がない。
③ 立退請求権がないのに立退きを請求するには立退料が必要。
④ 立退きについては、借家人に事情を説明して協議で決める。

1　貸家の明渡請求

　貸家契約を締結してから数十年が経過し、貸家が老朽化してくると空室も増え、修繕費用もかさんできますので、建て替えたほうがコストパフォーマンスが良い場合は少なくありません。また、大規模地震等が発生した場合のリスク等を考えると、貸家を建て替えたいと考えるのは常です。

　老朽貸家の建替えのためには、借家人には退去してもらう必要があります。このような明渡請求は、借家人には何の落ち度もないのですから、借地借家法に定める正当事由は原則として認められません。ただし、建物の老朽化がかなり進行しており、速やかに取り壊さないと賃借人等の身体等に危険が生ずる可能性がある場合は正当事由が認められる場合があります。

| 老朽貸家の建替のための明渡請求 | ▶ | 正当事由が認められない場合が多い |

(1)　明渡しの協議と合意解約

　このように、正当事由が認められない状態でも、どうしても建替えをしたいという場合には、借家人と明渡しについて協議し、建物の老朽化と建替えの必要性を説明して、借家人が受け入れ、無償で立ち退くことについての合意ができれば、立退きは実現することができます。

　また、話合いによっては、借家人が新しい建物に移転するための移転費用等の実費を貸主が負担することで協議がまとまる場合もあります。

(2)　立退料の支払と合意解約

　貸家の老朽化と建替えの必要性について説明しても、借家人の理解を得られないときは、借家権に対する補償としての立退料を提案することにより立退きの意向を打診していくことになります。立退料は、賃貸アパート等の場合には、賃料の数か月分で合意する場合から、いわゆる借家権価格の補償に加えて移転実費や移転先の新賃料と現行賃料との差額の数年分をプラスし、数百万円以上も立退料を支払って合意する場合もあります。それでも合意が得られない場合には、訴訟による解決を図ることもあります。

(3)　建物明渡請求訴訟の提起

　借家人がどうしても明渡しに同意しない場合には、貸家契約期間の満了時に、建物の老朽化の事情と、貸主が借家人に対して相当額の立退料を提案したことをもって、正当事由を具備したものとして、貸家契約の更新を拒絶し貸家の明渡しの請求訴訟を提起する方法もあります。

　正当事由との関係では、立退料さえ支払えば正当事由が認められるわけではありません。建物の老朽化による建替えの必要性や、貸主が建物を使用する必要性等がある程度存在し、それらを補完するものとして立退料の申出をしたことを加味して裁判所の判断を仰ぐことになります。

　裁判所は、貸主側の建物の老朽化による建替えの必要性や貸主が建物を使用する必要性等を審理し、それらの事情と立退料の申出がなされているという事情とを併せ考慮して、正当事由が認められると判断するときは、借家人に対して、「立退料○○○円の支払を受けるのと引換えに建物を明け渡せ」という判決をすることがあります。このような判決が出されれば、借家人から老朽貸家の明渡しを受けることが可能になるわけです。

12 旧耐震建物の耐震性の不足は明渡しの正当事由となるか

Question

　私の経営している賃貸住宅は昭和49年に旧耐震基準に従って建築された古い建物で、耐震診断を受けたところ、大規模地震が発生したときは地震による倒壊・崩壊の危険性があるとのことでした。旧耐震基準の建物であることは明渡しの正当事由とはならないのでしょうか。

Answer

POINT

①　従来は建物の老朽化の程度により建替えの必要性の有無を検討。

②　旧耐震建物で耐震診断の結果、耐震性に問題があると認められる場合は正当事由が認められる場合があり得る。

③　耐震性に問題があっても応分の費用で補修可能であれば建替えの必要性が認められない場合がある。

④　立退料の支払により正当事由の補完が認められる場合が多い。

解説

1　建物明渡しの正当事由

　貸家の明渡しを請求するには正当事由が必要とされ、多くの場合には正当事由を補完するため、立退料の交付が必要とされることは前問の「⑪貸家の明渡請求には立退料が必要か」で説明したとおりです。そして、正当事由の存否の判断は、貸主が当該建物を自ら使用する必要性と借家人が当該建物を使用する必要性とを比較衡量し、正当事由に不足があると判断される場合には、立退料の提供をもって正当事由の補完が認められるケースであるか否かが判断されてきました。

　他方において、東日本大震災によって、改めて建物の持つ耐震性が社会

的に論議を呼ぶとともに、政治や行政の観点や法律実務の面でも1つの大きな課題と捉えられています。従来のような建物の老朽化という観点ではなく、旧耐震基準によって建築された建物について耐震性の不足がみられる場合に正当事由を認めることができるか否かという問題であり、賃貸実務上の関心の高い問題となっています。

2　旧耐震建物の耐震性の不足と正当事由の判断

　昭和56年1月以降に施行された、いわゆる新耐震基準により建築された建物は、震度5強の地震では建物損傷を生じないレベル、震度6〜7の大規模地震であっても人命損傷を生じないレベルであるといわれていますが、新耐震基準により建築された建物の耐震性能は、旧耐震基準によって建築された建物の耐震性能を上回るものといわれています。そこで、旧耐震基準により建築された建物は新耐震基準により建築された建物ほどの耐震性能を有していないことから、このような旧耐震建物を新耐震基準により建て替えることには正当事由が認められるのではないかということが議論の対象となり得ます。

　実際にも、旧耐震基準により建築された建物の建替えをめぐって正当事由の存否が争われた裁判例も出てきています。

(1)　東京地裁平成23年8月10日判決

　事案は築後70年以上を経過した木造2階建ての賃貸建物で、賃貸借の年数は現賃借人の先代の時代から数十年を経過しており、賃料が月額2万5,000円の物件について耐震診断を受けた結果、現在の耐震基準に適合しておらず、1階には開口部が多く、壁の位置も偏っていて壁量も不足しており、腐食やシロアリによる浸食や壁面のひび割れも確認されており、震度6強から震度7の地震が発生した場合には倒壊のおそれが極めて高いとされていること等の事情から、建物内の人間の安全はもとよりとして、その周辺の人間等の安全を確保する見地から取壊しをする必要性が高いと判断され、賃貸人のした解約申入れは正当事由があり有効であるとして、150万円の立退料と引換えに賃貸建物からの明渡しを命じています。

⑵　東京地裁平成25年１月25日判決

　事案は旧耐震基準にしたがって建築された古い建物を昭和58年から賃貸していたケースで、現在建物を賃借しているのは１人のみとなっており、他はすべて空室となっており、建物の床面積中、現に使用されている面積は全体の数％に過ぎず、耐震診断の結果は「地震の震動及び衝撃に対して倒壊し、又は崩壊する危険性がある」というものであったこと、耐震補強工事には少なくとも1,000万円を要し、外壁、内壁等に割れ目が見られるなどの老朽化が進み、賃貸物件として利用するには耐震補強工事以外の修繕費用も発生すること等から、賃貸人がこのように耐震性に問題がある建物を取り壊して新たに建物を建築しようとするのは不合理な行動とはいえないこと、賃貸人が当該建物を取り壊して分譲用マンションを建築するという具体的計画を有していること等の事情から賃貸人が耐震性に問題のある建物を取り壊して本件賃貸建物の明渡しを求める必要性があると判断され、相当額の立退料の支払と引換えに正当事由を認めています。

⑶　東京地方裁判所立川支部　平成25年３月28日判決

　また、独立行政法人都市再生機構（ＵＲ）が訴えを提起した昭和46年建築の地上11階建・住戸数250戸の集合住宅用建物について、建物の大部分が所要の耐震性能を満足していないため、耐震改修の必要性が認められるが、耐震改修には相当の費用がかかり経済合理性に反すると考えられ、耐震改修の方法が鉄骨ブレース（筋交い）の設置により建物の使用に制限を生じるとともに、経済的価値を減少させるなどの事情がある場合に、賃貸人が借家人に対し、相応の代償措置を講じることによって明渡請求についての正当事由が補完されるとして、借家人に対して仮執行宣言付判決（判決が確定しなくても仮の強制執行を行うことができるとするもの）で、借家人に建物明渡を命じた裁判例などがあります。

３　旧耐震建物であることと正当事由との関係

　これらの裁判例をみると、裁判所は、旧耐震基準により建築された建物であるから、建替えの必要性があり、正当事由を認めるとの判断をしている訳ではありません。上記の２つの裁判例は、いずれも、建物の耐震診断

を行った結果、地震により倒壊し又は崩壊する等の危険があることを認定したうえでの判断がなされています。

したがって、旧耐震基準により建てられた建物であるからといって、直ちに建替えの必要性や、そのための明渡請求が認められるということではありませんので注意してください。

まずは、耐震診断を受ける等により、当該建物の地震の場合の倒壊・崩壊の危険性を客観的に証明することが必要であることを忘れないようにしてください。

4　耐震補強による補修と建替えの必要性との関係

耐震診断により来るべき大規模地震発生の際には倒壊の危険性があるとの判断がなされたとしても、直ちに建替えの必要性が認められるとは限りません。建物の耐震性能が十分ではないという場合には、2つの対応が考えられるからです。

1つは、耐震補強です。建物の独立柱に炭素繊維を巻き付ける等の補修工事により建物の強度を上昇させたり、あるいは建物にブレース（筋交い）を設置して耐震強度の向上を図ったりする方法です。もう1つは建物を十分な耐震性能を持った建物に建て替えるという方法です。

耐震性能の向上という面だけから考えればどちらもあり得る話ですが、貸家の場合には借家人が当該建物に居住していますから、建物の耐震性能に問題があるとしても、耐震補強により倒壊等を免れることが可能であるなら、借家人の居住の継続が可能となる耐震補強を選択すべきであるとの意見もあり得るところです。

この点について、上記の2つの裁判例は、建物を社会通念上の相応な費用で補修することができるのであれば、あえて建物を取り壊す必要がないということもできるとしたうえで、耐震補強にかなりの費用を要する等のほか、耐震補強工事を施工することが経済合理性に疑問を生ずるような場合には、必ずしも耐震補強によらなければならないとの立場は取っていないようです。

5　耐震補強と賃貸人の修繕義務との関係

　また、耐震補強を行うべきか、耐震補強を行わず建替えの方法によるべきかに関して、民法上、賃貸人には賃貸建物に修繕すべき箇所が発生した場合には修繕義務があるとされていること（民法606）との関係で、賃貸人は修繕が可能である限り、修繕をすべきであって、安易に建替えを選択すべきではないことも議論されています。

　この点について、前記の独立行政法人都市再生機構（ＵＲ）が明渡しを求めた裁判では、裁判所は、「民法の定める修繕義務は、賃貸借契約の締結時にもともと設備されているか、あるいは設備されているべきものとして契約の内容に取り込まれていた目的物の性状を基準として、その破損のために使用収益に著しい支障の生じた場合に、賃貸人が賃貸借の目的物を使用収益に支障のない状態に回復すべき作為義務をいうのであって、契約締結時に予定されていた目的物以上のものに改善することを賃借人において要求できる権利まで含むものではない。」との判断を示しています。

　要するに、上記の裁判例は、分かりやすくいえば、修繕義務とは賃貸借の目的物（建物）が契約締結時の状態から劣化したときに、それを元の状態にまで回復させることをいうのであって、もともと賃貸借契約を締結した当時になかった性能にまで「改善」することは含まれていない、修繕と改善とは違うといっているのです。

　このような判断を示したうえで、上記裁判例は、当該建物は旧耐震基準の定める耐震性能を有していたものである以上、その後に耐震関係法規の改正があったからといって、改正後の耐震性能にまで改善する義務は当然には認められないと判断しています。1つの参考になる裁判例かと思われます。

6　旧耐震建物の建替えと相応の補償

　旧耐震建物の建替えが認められるケースでも、立退料の提供その他の相応の補償をすることなく、無条件で正当事由が認められるケースは極めて稀であると思われます。もとより、当該建物が建替えを必要とする程度がどのようなものであるのかという個別の事情にはよりますが、一般的には、

賃借人が当該建物を利用する必要性も決して低くはない場合が少なくさい
と考えられますので、裁判例においても旧耐震建物の建替えの必要性は認
めつつ、相応の補償措置を講じることにより正当事由の補完を認めるとし
たものがほとんどであると思われます。

⑬ もらった立退料は実費を除き課税される

Question

　家主の都合で第三者に借家が売却されることになり、長年利用してきた借家を立ち退くことになり、立退料として家主から1,000万円を受け取り、賃貸借契約を解除しました。受け取った立退料に対してどのように課税されますか。

Answer

POINT

① 借家人の受けた立退料は一時所得となる。
② 第三者への借家権の譲渡は総合譲渡所得となる。
③ 権利金の償却残額は譲渡所得の計算上取得費として控除できる。
④ 借家の立退料は譲渡所得の買換特例の適用はできない。

解説

1　立退料が一時所得となる場合

　借家人として、家主の都合によりやむを得ず退去しなければならない場合、ある程度の立退料をもらうことがあります。この立退料については、その支払われる目的によって課税関係が異なります。

　一般的には立退料は、借家権が消滅することに対する補償の額というより、引越しのための費用や次の移転場所を探すための費用等であることが多いでしょう。この賃貸借の目的となっている借家からの引越費用等に充てるための部分の金額については、その実際に要した費用の額を差し引いて残額があれば一時所得となります。

この立退料についての一時所得は、次のようにして計算し、他の所得に合算して課税されることになります。

$$（立退料－必要経費－50万円）\times \frac{1}{2} = 一時所得$$

なお、この式の必要経費とは、立退料の交渉のための弁護士費用や立退料算定のための鑑定料などがこれにあたり、立退先を借りるための権利金、そのための不動産業者への仲介手数料等は含まれません。

2　借家権の譲渡に係る税金

賃貸借の目的となっている家屋の立退きに際して受け取る、いわゆる立退料のうち、借家権が消滅することに対する補償の額に相当する部分の金額及び、繁華街の飲食・喫茶店などで第三者に借家権を譲渡した場合には総合課税の譲渡所得となります。この場合の譲渡所得は、土地建物等の譲渡による所得ではありませんので分離課税の対象にはなりません。

この場合の譲渡所得の計算は、次のようにして計算します。

$$（譲渡収入）-\left\{\begin{bmatrix}当初に支払った権利金、\\仲介手数料などの取得費\end{bmatrix}+\begin{bmatrix}譲渡の仲介手数料\\などの譲渡費用\end{bmatrix}\right\}=（譲渡益）$$

賃貸借期間が5年以内のものは短期譲渡
$$（譲渡益）-50万円=（短期譲渡所得）$$

賃貸借期間が5年を超えるものは長期譲渡
$$\{（譲渡益）-50万円\} \times \frac{1}{2} = （長期譲渡所得）$$

3 権利金を支払っている場合の取扱い

　借家の借家権が第三者に譲渡できるような繁華街の店舗等である場合、借家の賃借にあたり権利金を支払っていることがあります。この借家の譲渡や退去にあたり金銭の授受があった場合の総合課税の譲渡所得の金額の計算上、その支払った権利金については繰延資産としての償却費の額を控除した残額を、取得費として控除することができます。

　繰延資金の償却費の額は、次の計算式により計算した金額になります。

$$
権利金の額 \times \frac{借家権を取得した日から譲渡する日までの期間（A）}{権利金の支出の効果の及ぶ期間（B）}
$$

　計算式の権利金の支出の効果の及ぶ期間（B）については、次表に定める償却期間によります。

繰延資産の償却期間（B）

細　　目	償却期間
⑴　建物の新築に際しその所有者に対して支払った権利金等で、当該権利金等の額が当該建物の賃借部分の建設費の大部分に相当し、かつ、実際上その建物の存続期間中賃借できる状況にあると認められるものである場合	その建物の耐用年数の70%に相当する年数
⑵　建物の賃借に際して支払った⑴以外の権利金等で、契約、慣習等によってその明渡しに際して借家権として転売できることになっているものである場合	その建物の賃借後の見積残存耐用年数の70%に相当する年数
⑶　⑴及び⑵以外の権利金等である場合	5年（契約の賃借期間が5年未満であり、かつ、契約の更新をする場合に再び権利金等の支払を要することが明らかであるものについては、当該賃借期間の年数）

（注）償却期間の1年未満の端数は切り捨てます。

4　事業所得となる場合

　さらに借家人が事業を営んでいる場合には営業補償などが含まれていることがよくあります。立退料のうち、借家権消滅の補償の対価を除き、その借家人が事業を営んでいる場合の、その立退きに伴う業務の中止などにより借家人の収入金額の減少に対する補償や、業務の中止期間中に使用人に支払う給料など必要経費となる金額を補てんするための部分の金額は、事業所得として申告する必要があります。

5　借家の立退料については買換特例の適用はできない

　借家人が高額の立退料を受け取った場合、この立退料で居住用財産の特別控除や買換えの特例の適用を受けることができたり、店舗の借家権の譲渡や消滅に伴って受け取る金銭についても「特定事業用資産の買換特例」の適用を受けることができれば、税金の負担は軽くなります。

　しかし、残念ながら、居住用財産や特定事業用資産の特例は、自己の所有する家屋、その敷地である土地（借地権など土地の上に存する権利が含まれます）を譲渡した場合の特例ですので、一時所得や総合課税の譲渡所得については適用を受けることができません。借家人にとっては非常に残念なことです。

14 立退料や取壊費用の取扱い

Question

　老朽家屋の借家人との交渉が成立し、退去が決定しましたが、相当額の立退料を支払ううえに、取壊費用もかかります。これらの高額な支出の税法上の取扱いを教えてください。

Answer

POINT

① 賃料をもらっていた借家人への立退料は経費となる。
② 使用貸借の場合には事業用でないので経費とならない。
③ 取壊費用も立退料と同様の取扱いである。
④ 自用家屋や空家の取壊費用は経費にも取得費にもならない。

解説

1　立退料が不動産所得の必要経費となる場合

　立退料といっても2種類あります。貸家の借家人に支払う立退料と貸地の借地人に支払う立退料です。どちらも地主や大家からみると退去してもらうための費用と考えがちですが、税務上の取扱いは全く異なります。

　まず、借家人に支払う立退料や立退きに係る費用ですが、これらは継続的に不動産経営を行う場合には、不動産所得を生ずるための必要経費と認められます。ただし、売却するために退去してもらった場合には譲渡費用となり、取扱いが異なります。

　ところが、借地人に支払う立退料は必要経費とはされず、借地権を買い戻すための支出とされるのです。もし、青色申告者で貸借対照表を作成している場合や法人の場合には、支払った立退料は会計上、土地等の取得費として計上されることに注意してください。

　したがって、従来から所有していた賃貸建物の借家人に退去に伴い支払う立退料は、支払うことを契約した年の不動産所得の必要経費になります。しかし、使用貸借により貸していた借家人に、立退きに伴う引越料等の退去に伴う費用を、家主が負担したとしても不動産所得を生じていなかったものに対する支出なので、必要経費とすることはできません。

2　取壊費用が不動産所得の必要経費となる場合

　借家人の退去後売却のためでなく、新たにその土地で不動産事業をするために、その老朽貸家を取り壊した場合の取壊費用は、原則としてその取壊しをした日の属する年の不動産所得金額の計算上必要経費になります。

　使用貸借により貸していた借家を取り壊しても、自宅を取り壊しても、その取壊費用は不動産所得を生じていなかったものに対する支出なので、必要経費とすることはできません。

3　立退料や取壊費用が譲渡所得の譲渡費用となる場合

　老朽貸家の立退料や取壊費用等の支出が、その敷地を売却するためのものであれば、これらの費用はその敷地を譲渡した場合の譲渡所得の計算上、譲渡費用となります。

4　借地人を立ち退かせるための係争費用

　借家人を立ち退かせるために支払った弁護士等の費用も、今まで述べてきたように、その立退きの目的に応じて、不動産所得の必要経費や譲渡所得の譲渡費用あるいは取得費（借家人付きの建物を取得し、その借家人を立ち退かせるために支払った費用）となります。

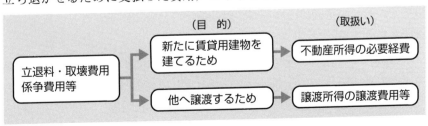

除却した場合の資産損失の取扱い

Question

取り壊した貸家の帳簿上の未償却残高の所得税法上の取扱いは、目的や事業規模により異なるそうですが、どのように取り扱われているのでしょうか。

Answer

POINT

① 取り壊した貸家の帳簿残高は資産損失として原則必要経費となる。

② 事業規模の場合、資産損失の額は全額が必要経費になる。

③ 事業規模以外の資産損失の必要経費算入は不動産所得が限度。

解説

1　資産損失のあらまし

　取壊し、除却、滅失等の事由によって賃貸住宅等の固定資産等に損失を生じたときは、その損失の金額を必要経費に算入することができます。ただし、保険金、損害賠償金など、その損失を補てんするものがあるときは、その金額を差し引いたものが必要経費となります。

　老朽貸家の取壊しの場合には、税務上は帳簿上の減価償却後の残高が価値としてあったにもかかわらず、その取壊しによって価値がゼロとなったのですから、帳簿価額そのものが除却損として資産損失となり、原則必要経費となります。

　ただし、その資産を譲渡するために要したこれらの費用（損失）は不動産所得の必要経費とならず、その資産の譲渡に係る譲渡費用となりますので、注意してください。

2　不動産の貸付規模で異なる資産損失の必要経費算入

　不動産の貸付けが事業的規模で営まれている場合、その資産損失の額は全額必要経費となりますが、事業的規模以外（業務的規模）の場合は、資産損失の額を必要経費に算入する前の不動産所得を限度として必要経費に算入することになりますので、資産損失の結果、不動産所得がマイナスになることはありません。

　ただし、その損失が災害によるものである場合には、選択により、雑損控除の対象にすることができます。資産損失の計算の基礎となる損失額の計算は、帳簿価額（資産の未償却残高）をベースに計算します（資産損失の計算は3参照）。

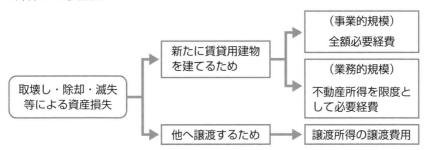

　このように、不動産の貸付けが事業的規模か、業務的規模かによって必要経費算入額が大きく異なるので注意が必要です。なお、事業的規模か業務的規模かの判定は第1章❺を参考にしてください。

3　損失額の計算

　資産損失の金額は、その資産の取得の時期に応じて計算した取得費から、その損失の発生直後の価額（処分可能価額）及び発生資材の価額（処分可能価額）の合計額を控除した残額とされています。

　したがって、取り壊した後の廃材を売却して収入を得た場合には除却損から控除するのを忘れないでください。

＊取得費＝（取得価額）＋（設備費、改良費）－（償却費の額の累計額）

16 老朽貸家を譲渡した場合の 税金計算の仕組み

Question

　子が老朽貸家を維持し続ける自信がないといっているので、私が元気な
うちに手放したいと思っています。老朽貸家とその敷地を売却する場合に
はどんな費用があり、どんな税金がかかるのでしょうか。

Answer

POINT

① 長期と短期に区分され、それぞれ分離して課税される。
② 取得費が不明の場合には譲渡価額の５％となる。
③ 譲渡費用には立退料、取壊費用も含まれる。
④ 譲渡損が出ても他の所得とは損益通算ができない。

解説

1　譲渡所得の税金計算のあらまし

　土地や建物を譲渡し利益（譲渡所得）が出た場合には、他の所得と分離
して、所得税と住民税がかかります。譲渡所得は、譲渡価額からその土地・
建物を取得した時の価額や取得に要した費用（合計額を取得費といいま
す）、および譲渡費用を差し引いて計算します。特別控除の適用がある場合
には、さらにその特別控除額を控除して課税譲渡所得金額を計算します。

　次に譲渡した土地・建物の所有期間が譲渡した年の１月１日において、
所有期間が５年を超える場合を長期譲渡所得、５年以下の場合を短期譲渡
所得として区分します（所有期間はその土地や建物の購入日から売却日ま
での期間で計算するのではなく、譲渡日の属する年の１月１日で判定しま
す）。

　なお、取得の日は原則として引渡しの日ですが、相続・贈与等による取

104

得は取得時期を引き継ぐこととされています。また、譲渡の日は原則として、土地・建物を買主に引き渡した日ですが、売買契約を締結した日とすることもできます。

　長期譲渡所得に係る税金は、他の所得があっても関係なく、課税長期譲渡所得金額として一律20％（所得税15％＋住民税５％）の税率をかけて計算します。短期譲渡所得にかかる税金は、課税短期譲渡所得金額に39％（所得税30％＋住民税９％）の税率をかけて計算します。

① **長期譲渡所得の税金**

$$\boxed{課税長期譲渡所得金額} \times \boxed{\begin{array}{c}(15\% ＋ 5\%) \\ 所得税\ 住民税\end{array}} = \boxed{税額}$$

② **短期譲渡所得の税金**

$$\boxed{課税短期譲渡所得金額} \times \boxed{\begin{array}{c}(30\% ＋ 9\%) \\ 所得税\ 住民税\end{array}} = \boxed{税額}$$

（復興特別所得税は考慮していません）

2　取得費の取扱い

　不動産を譲渡したときは譲渡価額から取得費、譲渡費用、特別控除を差し引いた金額に課税されます。

　「取得費」とは、売却した土地や建物の購入価額のみならず、購入の際の仲介手数料・立退料・移転料、売買契約書に添付した印紙税、不動産所得の経費にしなかった登録免許税や不動産取得税、建物の取壊費用等が含まれます。これらの合計額が取得費になり、建物等の減価償却資産については償却後の残額を取得費とします。

　貸家経営をしている場合には、確定申告の際、減価償却費を計上しており、減価償却台帳があるはずですから、売却した時の帳簿価額が取得費となります。相続等により先祖代々所有しているため、実際の取得費がわからない場合には、譲渡価額の５％を取得費とすることができます。老朽貸家等の建っている土地や建物はほとんどこのケースに該当すると思われます。

$$\boxed{その資産の譲渡収入金額} \times \boxed{5\%} = \boxed{概算取得費}$$

3　相続財産を譲渡した場合の取得費加算の特例

　相続又は遺贈によって取得した財産（みなし譲渡課税の適用を受けたものを除きます）を、相続税の申告期限の翌日以後3年を経過する日までの間に譲渡した場合には、実際の取得費又は概算取得費に、次の算式により計算した譲渡資産に係る相続税額（譲渡収入金額から資産の取得費及び譲渡費用を控除した残額を限度とします）を加算して譲渡所得の金額を計算することができます。

譲渡資産が相続等により取得した財産である場合

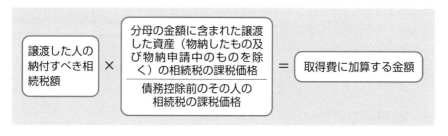

4　譲渡費用の取扱い

　土地や建物を譲渡するために要した費用を譲渡費用といい、売却の際の仲介手数料、広告費や測量費、売買契約書に添付した印紙税等、売却に伴って直接必要とされるものです。ただし、譲渡した土地や建物を賃貸しており、今までに不動産所得の計算上必要経費に算入している費用については、譲渡所得の計算上、譲渡費用にはなりません。

　老朽貸家やその敷地を売却する場合、借家人の退去や貸家の取壊しを買主から要求される場合があります。そのような場合に、その老朽貸家の借家人に支払う立退料や建物の取壊費用は、その敷地を売却するためのものであるとして、その敷地の譲渡所得の金額の計算上、譲渡費用となります。また、借家人の退去のために支払った弁護士等の費用も、同様に譲渡所得の金額の計算上譲渡費用となります。

　ただし、もともと立退きや取壊しがその土地を譲渡するために行われたものでなく、当分更地の状態を継続しガレージ等を経営するつもりで行った場合には、将来の譲渡時に譲渡費用となるのではなく、従来からの不動産所得を生じていた貸家を取り壊し、借家人に退去してもらったのですから、立退料、取壊費用、立退きに係る弁護士費用等は不動産所得の必要経費となります。同じような出費でも、最終目的で費用の定義が変わるので、留意が必要です。

5　譲渡損失が生じた場合

　土地や建物を譲渡して損失が出た場合においても、譲渡損失とその他の所得との通算は適用されません。不動産の譲渡は利益が出れば課税され、損失が出れば切り捨てられるのです。

　老朽貸家を売却する場合には、立退料や取壊費用等の多額の費用がかかり、譲渡損が生ずることも考えられます。譲渡損が生じることが予想できるなら、譲渡益の生ずる不動産を同一年度に売却するなどの工夫も必要でしょう。

　ただし、老朽貸家等でなく一定の要件を満たす自分の居住用財産の譲渡損失については、他の所得との損益通算及び3年間の繰越控除の適用を受けることができる場合があります。

事業用財産の売却には買換特例がある

 Question

　老朽貸家と敷地を売却した場合に、他の不動産を購入すれば税制上特例があるそうですが、どのような特例なのでしょうか。また、空家の敷地を売却した場合にも、この特例の適用を受けることができるのでしょうか。

Answer

POINT

① 10年超所有していた賃貸物件の譲渡が買換特例の対象となる。

② 事業用資産を取得すれば所得税が圧縮され、相続税対策にもなる。

③ 空家の敷地を譲渡しても買換特例の適用対象とはならない。

解説

1　事業用資産を買い換えた場合の特例

　国内にある事業用の土地等、建物又は構築物で、譲渡の年の１月１日における所有期間が10年を超えるものを令和５年３月31日までに譲渡し、国内にある事業用の土地等、建物、構築物を取得し、その取得の日から１年以内にその買換資産を事業の用に供した場合には、「特定の事業用資産の買換えの特例」の適用を受けることができます。なお、買換資産は、譲渡資産を譲渡した年の前年からその譲渡した年の翌年までの３年間に取得したものであればよいことになっています。この事業用資産の買換特例の適用を受けた場合、譲渡収入金額が買換資産の取得価額以下のときは、地方から都心部等への一定の買換えを除き譲渡利益の80％が繰り延べられ20％だけに税金がかかることになっています。長期所有の土地を売却したときの税率は住民税込みで20％となっており、約４％（20％×20％）の税額で済みます。なお、譲渡収入金額が買換資産の取得価額を超えるときは、原則

として譲渡収入金額のうち買換資産の取得価額の80％相当額を超える部分だけに課税されます。

① 譲渡資産の譲渡価額≦買換資産の取得価額の場合

$$\left[\begin{array}{l}譲渡資産の\\譲渡価額\end{array}×20\%\right]-\left[\begin{array}{l}譲渡資産\\の取得費\end{array}+\begin{array}{l}譲渡\\費用\end{array}\right]×20\%＝課税譲渡所得$$

② 譲渡資産の譲渡価額　＞　買換資産の取得価額の場合

$$\left\{\left[\begin{array}{l}譲渡資産の\\譲渡価額\end{array}\right]-\left[\begin{array}{l}買換資産の\\取得価額\end{array}×80\%\right]\right\}-\left\{\left[\begin{array}{l}譲渡資産\\の取得費\end{array}+\begin{array}{l}譲渡\\費用\end{array}\right]×\frac{(A)-(B)}{譲渡資産の譲渡価額}×80\%\right\}$$
$$(A)\qquad(B)\qquad\qquad\qquad＝課税譲渡所得$$

　入居者の退去を機会に賃貸住宅を取り壊し、その敷地を譲渡し、譲渡代金で新たな土地を取得し、その土地の上に賃貸住宅を建築した場合は、まさにこのケースに該当し譲渡所得税が大きく圧縮されます。ただし、買換資産が土地等である場合は、特定施設の敷地の用に供される300㎡以上の土地に限定されています。また、地方から東京23区への買換えの利益圧縮率は70％、地方から首都圏近郊整備地帯や近畿圏既成都市区域、名古屋市の一部等への買換えの利益圧縮率は75％とされます。

2　事業用・貸付用でなければ特例は受けられない

　この特定事業用資産の買換特例は、譲渡資産も買換資産も「相当の対価」を得ている事業でなければならず、収入から必要経費を差し引いても、なお相当な利益が出るかどうかにより判定することになっています。

　昔から土地や建物を貸し付けている場合、当初は世間並みの合理的な地代や家賃であったにもかかわらず、現在は新規の賃料にくらべて著しく低い賃料になっていることがあります。この場合、「貸付の当初に、相当の対価を得ていたかどうか」又は「似たような条件にある近隣の貸地の地代や貸家の家賃並みの賃料であるかどうか」で判定すればよいでしょう。ただし借手がなく長期間空いていた貸家の敷地を売却した場合には、「特定の事業用資産の買換えの特例」の適用はできないでしょう。

18 借家人の相続

Question

　賃貸マンションを経営していますが、3階の入居者が死亡したとの連絡がありました。今後、その人の貸家契約はどのように処理されるのでしょうか。家財道具の処分は誰が、どのようにして行えばよいのでしょうか。

Answer

POINT

① 借家権には相続性があるので借家人が死亡しても終了しない。
② 相続人が借家権を相続するか否かを確認する必要がある。
③ 相続人が借家権を相続する場合は、その者に家賃を請求する。
④ 相続人が借家権を相続しない場合は相続人に家財を処分させる。

解説

1　借家権の相続性

　賃貸アパート、マンションの借家人が死亡した場合、まずは同居されていれば親族等にお悔やみを述べ、今後の意向を尋ねるというのが一般的なことだと思います。それはそれでよいのですが、貸家契約が今後法的にどのように扱われるのか考慮しておかなければなりません。

　まず、民法では、建物を無償で使用する権利である使用貸借契約の場合は、借主の死亡により、使用貸借契約は終了すると定められています。しかし、建物賃貸借契約は、賃借人が死亡したからといって終了するとは定められていません。なぜなら、法的には、借家権には相続性があるとされているからです。

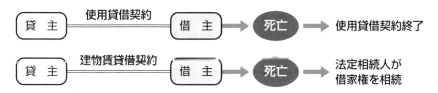

したがって、３階の賃借人が死亡した場合には、その賃借人の相続人が借家権を相続していることになります。この点は誤解のないようにしなければなりませんが、仮に３階の賃借人に親族が一緒に居住していたとしても、法的にはその賃借人の法定相続人が借家権を相続します（例えば、祖父と孫が同居していて、祖父が死亡した場合、借家権について相続権を有しているのは原則として祖父の子らであって、孫は借家権については何の権利もないことになります）。

同居人が借家権についての権利を有しているとは限らないわけですから、賃借人が死亡した場合には、同居の親族等にお悔みを述べるのは当然のことではありますが、同時に、法定相続人が誰かを確認する必要があるのです。

2　相続人の確認

相続人が誰であるかの確認は、亡くなった賃借人の戸籍を調査します。賃借人が生まれてから以降、子のできる可能性がある時期についての戸籍はすべて確認しますので、改製原戸籍等を取り寄せて相続人の確定作業を行います。借家人が死亡する前に、その相続人が死亡していた場合は、代襲相続が開始していますので、代襲相続人を調査する必要があります。相続人が判明すると、住民票により各相続人の現在の住所を確認し、各相続人の連絡先を把握します。この手続は、弁護士や司法書士等の専門家に依頼すれば、代行して行ってくれます。

相続人が判明したら、相続人が借家権を実際に承継する意向があるのか否かを確認することになります。

3 相続人が借家権を承継する場合

　相続人から借家権を承継したいと主張されることがあります。その場合には、相続人のうちの誰が借家権を相続することに決定したのかを確認する必要があります。この確認は、遺産分割協議書の提示を受けて、誰が借家権を相続したかを確認するのが本来のやり方です。

　他の遺産もあるので遺産分割協議書は見せられないという相続人もいますが、最低限、相続人全員の署名押印のある、誰が借家権を相続したかの確認書面をもらっておく必要があります（借地権の相続の場合は、借地上の建物の登記名義が、借地権を相続する相続人の名義に移転しますので、借地権の相続人が誰であるかを事実上推認することもできますが、借家権の相続ではこうした推定ができないのがその理由です）。

　承継者の確認ができたら、その承継人に借家人死亡時からの家賃　（死亡前に未払賃料があった場合はそれも含めた金額）　を支払ってもらい、契約の名義を書き換えるのが通常です。なお、相続による名義の書換えの場合には、借家権の譲渡には該当しませんので、名義書換料は発生しません。

4 相続人が借家権を承継しない場合

　他方において、相続人はそれまで別の場所に住居を構えているといった理由から、借家権を相続する必要はなく、無駄な家賃を負担したくないという相続人もいます。この場合には、相続人からは契約を解約したいという意向が伝えられます。

(1) 未払賃料等の処理

　この場合でも、借家人が死亡してから解約するまでの間の賃料　（死亡前に未払賃料があった場合はそれも含めた金額）　は、相続人に支払義務があるので、相続人に未払賃料等を請求することになります。

　法的には、死亡前の未払賃料額は、相続人が各自の法定相続分の割合にしたがって分割で支払い、死亡後の賃料については相続人全員が連帯して支払う義務を負うことになります。

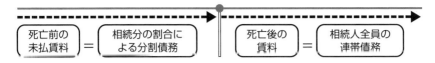

死亡前の未払賃料 ＝ 相続分の割合による分割債務　｜　死亡後の賃料 ＝ 相続人全員の連帯債務

(2)　家財道具の処理

　本来的には、相続人が「借家権を承継しない」といっても、法的には借家権は相続人に承継されて、ただその建物に居住を継続しないというだけのことです。

　残された家財道具についても、その所有権は相続人にありますので、家財道具を処分するのは、相続人の責務ということになります。貸主としては、借家権を現実には承継しない相続人であっても、家財道具の処分を相続人に要求することができます。現実には、相続人が遠方に居る場合などは、その承諾のもとに貸主が家財道具を処分し、その費用を相続人に請求するという場合もあり得ると思います。

(3)　立退料の要否

　ここで問題となるのは、相続人から、自分達は「借家権を放棄するので立退料を支払ってほしい」と要求される場合の対処法です。相続人からすると借家人が立ち退く場合には、一般的に、貸主から立退料が支払われているはずである、自分達は借家人の借家権を相続したが、これを放棄して退去するのであるから立退料を要求できる、という考え方のようです。

　しかし実際は、貸主が、貸主側の事情で借家人に対して明渡しを請求する場合は、借地借家法に定める正当事由が認められないため、『立退料』を支払って借家人から立退きの同意を得るということが行われているに過ぎません。

　相続人の側が退去したいと申し出る場合は、相続人による貸家契約の解約申入れですから、本来は、賃貸借契約にしたがい、解約申入れの予告期間（通常は居住用建物であれば1～2か月、事業用建物であれば6か月程度）を設けて解約すべきですので、相続人は解約予告期間の賃料額についても支払ったうえで解約できるだけのことです。貸主としては、立退料を支払うくらいであれば、相続人にそのまま家賃を支払ってほしい旨を伝えればすむことです。法的には、立退料は発生しないと考えてよいと思います。

⑲ 賃貸人の相続

Question

　私の父が先日亡くなりました。父の経営している賃貸アパートがあるのですが、各借家人との関係はどのように処理すればよいのでしょうか。

　また、遺産分割協議がまとまるまでの間、家賃はどのように請求し、誰が取得することができるのでしょうか。

Answer

POINT

① 遺産分割協議で貸家建物を相続する者を全員一致で決定する。
② 貸家建物を相続した者が、賃貸人の地位も承継することとなる。
③ 遺産分割協議の後は貸家建物を相続した者が賃料を取得する。
④ 遺産分割協議成立前は相続人が各自の相続分で賃料を取得する。

解説

1　貸家建物の賃貸借契約の承継人

　賃貸借契約の継続期間中に貸主が死亡した場合でも、賃貸借契約が終了するわけではありません。賃貸借契約は、当事者の一方が死亡したことは契約の終了原因ではないからです。

　それでは、貸主が死亡した場合に、賃貸借契約における賃貸人としての地位は誰が承継することになるのでしょうか。そもそも、遺産分割協議で貸家建物の賃貸人の地位を誰が相続するかについて、定める必要があるのでしょうか。

　賃貸人の地位とは、借家人に貸家建物を使用収益させることを内容としています。したがって、基本的には建物を所有している者が賃貸借契約を承継することになります。貸家建物を第三者に売却した場合にも、貸家建

物の買主は当然に賃貸借契約を承継しますが、それと同じ理屈です。

　このため、遺産分割協議において、あえて賃貸借契約の賃貸人としての地位を誰が承継するかを決めなくとも、貸家建物を相続する者が誰かを遺産分割協議で決定すれば、それだけで賃貸人の地位の承継人も決まることになります。

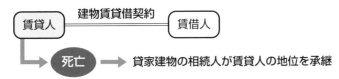

　このように、賃貸借契約に基づく権利義務は相続性がありますので、貸家建物を相続した相続人は、現在の借家人に対して、自分はこの借家人に賃貸した覚えはないとして、明渡しを求めることはできないのです。

2　賃料債権の相続

　貸家建物の遺産分割協議は、相続人の全員一致で決定します。遺産分割協議は相続人の多数決で決定することはできませんので、必ず全員一致で決定してください。

⑴　遺産分割協議成立後の賃料の請求権者

　遺産分割協議により、貸家建物を相続する相続人が決定されれば、そのときから、貸家建物を相続した相続人が単独で借家人に対して賃料を請求することができます。このことに異論はありません。問題は、相続開始後遺産分割協議成立までの間の未分割状態のもとでの賃料の請求権が誰にあり、どのような手続で行うのかということです。

⑵　遺産分割協議が成立するまでの間の賃料請求

　では、相続開始後、遺産分割協議が成立するまでの間、貸家建物の所有権は誰にどのように帰属しているのでしょうか。

　民法は、相続開始後の相続財産の権利関係については、「相続人が数人にあるときは、相続財産は、その共有に属する」（民法898）と定めており、貸

家建物は相続人の共有財産となります。

　共有とは、「共同で所有する」という意味です。共同所有の割合は、民法の定める相続人の相続分の割合ということになります。

　相続における法定相続分の割合は、以下のように定められています。

①　配偶者と子が相続人の場合	配偶者　$\frac{1}{2}$
	子　　　$\frac{1}{2}$ （子の相互は均一）
②　配偶者と直系尊属が相続人の場合	配偶者　$\frac{2}{3}$
	直系尊属　$\frac{1}{3}$
③　配偶者と被相続人の兄弟姉妹が相続人の場合	配偶者　$\frac{3}{4}$
	兄弟姉妹　$\frac{1}{4}$ （兄弟姉妹間は均一。ただし父母の一方のみを同じくする兄弟姉妹の相続分は父母の双方を同じくする兄弟姉妹の相続分のさらに$\frac{1}{2}$）

　この段階では、将来誰が貸家を相続するかは未だ決定していないのですから、借家人に対する賃料請求権については実務上は、相続人の代表者として賃料を請求する手続を行う者を決定し、その相続人代表者が「被相続人○○○○相続人代表者○○○○」とする相続人代表としての預金口座を作り、借家人に対して賃料を請求して同口座への入金を依頼するという方法が無難だと思います。

⑶　遺産分割協議成立までの間の賃料債権の帰属者

　民法は、遺産分割の効力について、「遺産の分割は、相続開始の時にさかのぼってその効力を生ずる。」（民法909）と定めています。

　つまり、遺産分割協議により、貸家建物を相続した者は、被相続人である貸主が死亡したときから貸家建物を相続したものと扱われるということです。この規定からすると、遺産分割の効力として、貸家建物を相続することが決まった相続人は、被相続人の死亡のときから貸家建物の所有者であったことになりますので、賃料もその相続人が相続開始時にさかのぼって単独で請求できるのではないかとの考え方もあり得ます。したがって、

遺産分割の協議の際に、そのような取扱いを相続人全員一致で合意したとすれば、その効力を否定されることはないと思われます。

　しかし、最高裁は、相続財産である貸家建物それ自体と、建物の賃料債権とは別個の財産であるとの判断を示しています。すなわち、最高裁は、相続開始から遺産分割協議が成立するまでの間の貸家建物が未分割の状態にある間は、貸家建物は各相続人が法定相続分の割合で共有しているのであるから、貸家建物を使用収益させたことにより得られる成果である賃料債権については、金銭債権であって可分（分けることができるという意味です。賃料債権もこれに該当します）であるから、この間の賃料については各相続人が各自の法定相続分により確定的に取得するとの判断を示しています。

　したがって、相続人間で、特定の相続人が賃料債権を取得する旨の分割協議が成立しない限りは、貸家建物に対する未分割の時期の賃料については、借家人から支払われた賃料は相続人各自が法定相続分にしたがって取得するという結論となりますので注意が必要です。

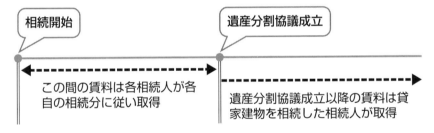

20 老朽貸家とその敷地の物納や売却で相続税が払えるか

Question

老朽貸家が多いと相続税を手持預金では払えないと思うのですが、物納や売却により相続税を払うことができるのでしょうか。

Answer

POINT

① 物納要件は厳しいため生前の要件整備が不可欠である。

② 老朽貸家とその敷地を相続税評価で売却することは困難である。

③ 相続前に納税方法をしっかり考えておく必要がある。

解説

1 物納要件は厳しい

相続税を一時に金銭納付できず、かつ、延納でも金銭納付が困難な場合に限り、相続した不動産により相続税を物納することができます。ただし、管理や処分ができない財産については物納することができません。

例えば、抵当権等の設定の登記がされている不動産、境界が明らかでない土地、訴訟によらなければ通常の使用ができないと見込まれる不動産、共有物である不動産、耐用年数を経過している建物、敷金等の返還義務のある不動産、管理や処分に要する費用が過大と見込まれる不動産等は、管理処分不適格財産となり物納することができません（第4章⑮参照）。

したがって、老朽貸家及びその敷地については、物納要件を充足させるのは非常に厳しいでしょう。相続が発生してから慌てて物納要件を充足しようとしても、申告期限まで10か月しかありませんので、間に合わないと思われます。相続が起きてからは物納の検討をしつつも、他の納税方法を考えたほうがよいでしょう。

2　老朽貸家の売却は非常に譲渡価額が低い

　賃貸物件が建っている場合、宅地は貸家建付地、家屋は貸家として評価されるため、自用地に比較すると評価が低くなっています。例えば、借地権が60％のD地域では、宅地は18％の評価減、家屋は30％の評価減となります。

　しかし実際は、老朽貸家が建っている土地・建物を売却しようとしても、あまり家賃が取れないうえ、修繕等が大変だということで、個人ではなかなか購入希望がありません。一般的に購入希望があるのは、そこを再開発しようとする不動産業者でしょう。その場合には、立退きや取壊し、再開発等に多額の費用がかかるうえ、その不動産業者の利益も必要であるとして、売却価額は非常に安価になってしまいます。実例では、相続税の財産評価額の30％以下だったケースもあります。

　貸家の建替えに係る費用やいろいろな苦労を売却によりなくしてしまうわけですから、安くても仕方ないともいえるでしょう。しかし、相続税の財産評価ではそのようなことは考慮してくれませんので、相続時には通常の評価で高い相続税を払うことになり、納税のために急いで相続税評価額に満たない安価な金額で売却をするならば、売却による相続税の納税は困難を極めるといえるでしょう。

3　相続前に納税方法を検討しておく

　「物納要件は厳しい」「相続後の売却では相続税評価額で売却することは困難である」ということを考えると、収益性の低い老朽貸家を所有していて、現預金をあまり持っていない人は、相続後に何とかなると楽観してはいられません。

　物納するなら、どの不動産なら物納できる、どういう要件を充足しておくべきかをきっちり検討しておき相続前に手を打っておく必要があるのです。また、相続税評価額以下の金額で売却するつもりなら、相続前に売却しておけば余分な相続税を払う必要がありません。ただし、相続前の売却の場合、譲渡資産に係る相続税を取得費に加算する特例が適用できず、譲渡税負担は重くなりますので注意してください。

第3章

空家等対策特別措置法の成立と
その影響及び問題解決策

**空家等対策の推進に関する特別措置法
の制定**

Question

　空家等対策特別措置法という法律ができたそうですが、空家について何が定められたのですか。老朽家屋で空家になっている建物の所有者には何か新しい義務が課されるのでしょうか。

Answer

POINT

① 空家等対策の推進に関する特別措置法が制定された。
② この法律は、問題のある空家等への対策と、活用可能な空家の有効活用の２つの施策を実現するものである。
③ 市町村に立入調査・指導・勧告・命令・行政代執行の権限を付与。

解説

1　空家等対策の推進に関する特別措置法の立法理由

　空家等対策の推進に関する特別措置法（以下「空家等対策特別措置法」といいます）が平成26年11月27日に公布され、平成27年２月26日に一部が施行され、平成27年５月26日に全面施行されました。この法律は、わが国の空家が年々一貫して増え続け、平成25年の時点で約820万戸が空家となっており、空家率も過去最高の13.52％にまで達しているということが立法の背景にあります。

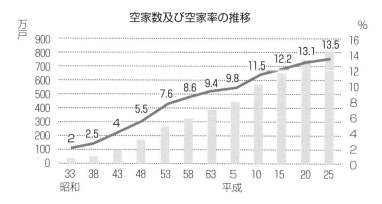

平成25年時点でのわが国の空家数が約820万戸ですが、その内訳は、賃貸用の住宅で現在空家となっているものが約429万戸、売却用の住宅で現在空家となっているものが約31万戸、別荘などの二次的住宅が約41万戸、賃貸目的も売却目的もない未利用の住宅が約319万戸となっています。

　これらの空家のうち、管理されない状態で放置されている空家も相当数に上ると考えられますが、管理されない空家は、以下の4つの問題があるといわれています。

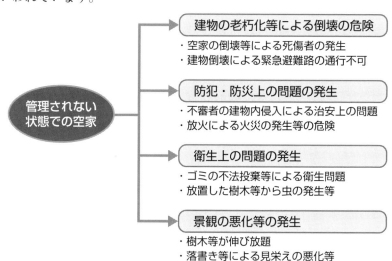

　これらの問題点に対処するために制定されたのが空家等対策特別措置法です。

2　空家等対策特別措置法の概要

(1)　キーワードとなる「空家等」と「特定空家等」

　この法律は、キーワードとして、「空家等」と「特定空家等」の2つの概念を定めています。要するに、管理のなされていない空家については、市町村が調査を行い、空家等対策特別措置法に定める一定の要件に該当する不適切な状態にあると判断される空家等を「特定空家等」として、市町村が空家等対策特別措置法で認められた種々の権限を行使して空家等を適切な状態に維持・保全することとしています。

(2)　市町村に認められる権限

　空家等対策特別措置法は、市町村に空家等の情報を収集するため、①立入調査権、②空家等の所有者を把握するための固定資産税等の課税等に関する情報の利用等の権限の行使を通じて、③空家等に関するデータベースの整理を行い、④特定空家等の所有者等に対する助言・指導・勧告・措置命令を行うことができ、⑤さらには行政代執行（所有者等に代わって特定空家等の除却等の措置を行う）ことも認められています。

(3)　必要な税制上の措置

　住宅建物が建っている限り、固定資産税においては、1戸あたり200㎡以内の敷地は小規模住宅用地として課税標準が6分の1とされ、また、都市計画税においては、1戸あたり200㎡以内の敷地は小規模住宅用地として課税標準が3分の1とされる軽減措置が働いています。200㎡以内の活用困難な空家等の所有者にとっては、老朽空家等を解体撤去するとすれば、解体費用を負担したうえに、その後の土地の固定資産税等が3.57倍に跳ね上がるという事態になります。これが問題のある空家等の解体撤去が進まない原因の1つではないかということが指摘されていました。このため、空家等対策特別措置法の制定に伴い、同法に基づく必要な措置の勧告の対象となった特定空家等に係る土地については、住宅用地に係る固定資産税及び都市計画税の課税標準の特例措置の対象から除外することが決定されました。

2 「空家等」と「特定空家等」とは何か

Question

空家等対策特別措置法では、空家等のうち、特定空家等と判断されると市町村から指示や勧告がなされたりするそうですが、空家等や特定空家等というのは何を意味しているのでしょうか。

Answer

POINT

① 空家等とは使用がなされていないことが常態であるもの及びその敷地をいう。
② 特定空家等とは、空家等のうち、そのまま放置すれば危険、有害である等、放置するのが不適切である状態にある空家等をいう。
③ 特定空家等の判断基準はガイドラインにより明らかにされている。

1 「空家等」とは何か

空家等対策特別措置法において、「空家等」とは、「建築物又はこれに附属する工作物であって居住その他の使用がなされていないことが常態であるもの及びその敷地をいう。ただし、国又は地方公共団体が所有し、又は管理するものを除く」（空家等対策特別措置法2①（以下空家対策法と略号する））と規定されています。

 建築物又はこれに附属する工作物であって居住その他の使用がなされていないことが常態であるもの及びその敷地（立木その他の土地に定着する物を含む）

（注）国又は地方公共団体が所有し、又は管理するものを除く。

(1) 「建築物」と「これに附属する工作物」

「建築物」とは建築基準法第2条第1号の「建築物」と同じく、「土地に定着する工作物」のうち、屋根及び柱若しくは壁を有するもの、これに附属する門若しくは塀等をいいます。また、「これに附属する工作物」とは、ネオン看板など門又は塀以外の建築物に附属する工作物のことです。

(2) 「居住その他の使用がなされていないこと」

空家等対策特別措置法では、上記の建築物等のうち、「居住その他の使用がなされていないことが常態であるもの及びその敷地」を「空家等」と判断するものとされています。

まず、「居住その他の使用がなされていないことが常態であるもの」とは、人の日常生活が営まれていないなど当該建築物等を現に意図をもって用いていないことをいいます。こうした使用実態は、市町村が空家等対策特別措置法第9条第1項の調査を行う一環として、①建築物の用途、②人の出入りの有無、③電気・ガス・水道の使用状況、④建築物の適切な管理が行われているか等々の諸事情から客観的に判断されます。

(3) 居住その他の使用がなされていないことが「常態である」

居住その他の使用がなされていないことが常態であるとは、建築物が長期間にわたって使用されていな状態をいいますが、「1年間にわたって使用されていないこと」は、常態であることの1つの判断基準となり得るものといえます。

2 「特定空家等」とは何か

空家等対策特別措置法において「特定空家等」とは、①そのまま放置すれば倒壊等著しく保安上危険となる恐れのある状態又は著しく衛生上有害となる恐れのある状態、②適切な管理が行われていないことにより著しく景観を損なっている状態、③その他周辺の生活環境の保全を図るために放置することが不適切である状態、と認められるものをいいます。その具体的な判断基準はガイドラインにより示されています。

空家等に対する市町村の権限はどのようなものか

Question

　空家等対策特別措置法では、市町村が、空家等の所有者に対して、立入調査や勧告、命令ができることが定められたとのことですが、市町村には、具体的にどのような権限が認められたのでしょうか。

Answer

POINT

① 　市町村は、区域内にある空家等の立入調査をすることができる。
② 　市町村は、空家等の所有者の確認のため固定資産税情報を活用できる。
③ 　市町村は、除却・修繕・立木の伐採等の助言・指導・勧告ができる。
④ 　市町村は措置命令や建物除却等の代執行をすることができる。

解説

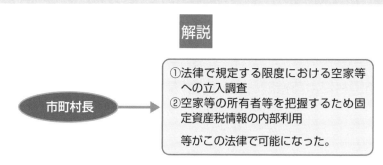

市町村長 →
①法律で規定する限度における空家等への立入調査
②空家等の所有者等を把握するため固定資産税情報の内部利用

等がこの法律で可能になった。

1　市町村長による空家等についての情報収集

　市町村長は、区域内にある空家等の所在及び当該空家等の所有者等を把握するための調査その他空家等対策特別措置法の施行のために必要な調査をすることが認められました（空家対策法9）。これにより、市町村は、空家等に立入調査を行うことができますが、立入調査を行う場合には、立入りの日から5日前までに所有者等に通知をすることが義務付けられています。

2 市町村による所有者等に関する固定資産課税情報の利用

　市町村長は、固定資産税の課税その他の事務のために利用する目的で保有する情報等で氏名その他空家等の所有者等に関するものにつき、この法律施行のために必要な限度において、その保有にあたって特定された利用目的以外の目的のために内部で利用することが認められました（空家対策法10）。

3 空家等に関するデータベースの整理

　市町村では、空家等に関するデータベースの整備その他空家等に関する正確な情報を把握するために必要な措置を講ずるよう努めるものとされています（空家対策法11）。ただし、このデータベース内の情報は、誰もが取得できる情報ではありません。

4 市町村による助言・指導・勧告

　市町村長は、特定空家等の所有者等に対し、当該空家等に関し、除却・修繕・立木の伐採その他周辺の生活環境の保全を図るために必要な措置をとるよう助言又は指導をすることができるとされています（空家対策法14①）。
　また、市町村長は、上記の助言・指導をしても改善されないときは、必要な措置を取ることを勧告することができます（空家対策法14②）。

5 市町村による措置命令・代執行

　市町村長は、勧告を受けた者が正当な理由なく勧告に係る措置を取らなかったときは、勧告に係る措置を取ることを命じる（措置命令）ことができます（空家対策法14③）。措置命令が発令されたときは、当該特定空家等に標識が設置される等の公示が行われます。さらに措置命令に従わなかった場合には、市町村長は、義務者に代わって除却等の措置を行う（代執行）を行うことができます（空家対策法14⑨）。代執行に要する費用は所有者等の負担となります。

命令に従わないとき

空家等の所有者等の取るべき措置

Question

　田舎の親から両親の自宅の土地建物を相続したのですが、遠方にあるため、居住もしておりませんし、管理もままなりませんので放置した状態です。空家等対策特別措置法が制定されたとのことですが、私はどうすればよいのでしょうか。

Answer

POINT

① 問題のある空家等を放置すると措置命令・代執行の対象となる。
② 特定空家等と判断されないために空家管理代行サービスを活用する。
③ 特定空家等についてＤＩＹ型賃貸・シェアハウス等を活用する。
④ 賃貸マンション等はリノベーション販売等の可能性を検討する。

解説

1　問題の空家等を放置した場合に予想される措置

　空家等対策特別措置法が平成27年5月26日に全面施行されましたが、相続の発生を契機に空家が放置されているケースは少なくないようです。

　適切な管理が行えず、特定空家等と判断される場合には、市町村長から、特定空家等について、立木の伐採や修繕、空家の除却等について必要な措置をとるよう助言・指導がなされ、改善されない場合には勧告、措置命令が発令され、最終的には代執行により建物が除却され、その費用が所有者等に請求されることもあり得ます。

　そうならないためには、特定空家等と判断されないための工夫が必要です。

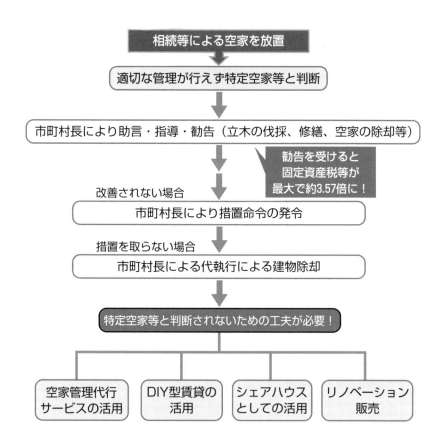

2　空家管理代行サービスの活用

　特定空家等は、そのまま放置すれば倒壊等著しく保安上危険となる恐れのある場合又は、著しく衛生上有害となる恐れのある場合や、適切な管理が行われていないことにより著しく景観を損なっている状態等がある場合等をいいますので、これに該当しないようにすれば、市町村長から助言・指導、勧告、措置命令、代執行を受けることはなくなります。

　そこで不動産業者・警備業者等で空家管理代行サービスを行っている業者に空家の管理代行を委託することが考えられます。

3　ＤＩＹ型賃貸を活用する

　相続等で空家等の所有権を取得した場合に、できるならば空家等を賃貸

して活用したいと希望する方も少なくないと思われますが、賃貸するとなると、リフォームが必要になり、リフォーム代金を負担できないので、結局のところ諦めるというケースもあるようです。

　そのような場合でも、①借主が自己の費用負担で居住に必要な工事を行い、②貸主は修繕義務を負わないものとし、③その代わりに、借主が実施した工事部分については原状回復義務を免除し、④借主が工事をした分、家賃を低廉な額として賃貸する、「ＤＩＹ型賃貸」という賃貸方式の活用を考えることができます。ＤＩＹとは do it yourself の略語です。

4　シェアハウスとしての活用

　現在では、賃貸住宅でも貸室に風呂・トイレがあるのが一般的ですが古い物件は、各部屋に風呂・トイレなしという場合も少なくありません。このため、通常の賃貸住宅としては難しいという場合でも、シェアハウスとしてであれば、共用部分として、風呂・トイレ等が設置されていれば足りますので、賃貸の可能性が出てきます。ただし、消防法違反とならないよう、留意する必要があります。一定規模の広さの確保、窓の設置、避難路の確保、居室の壁は天井までとする等々の配慮は不可欠だと思われます。

5　リノベーション販売

　企業社宅や賃貸マンションをリフォームして再販ビジネスを行っているマンションデベロッパー等に、特定空家をリノベーション販売用物件として売却することも検討に値するものと思われます。用地取得費や建設費が高騰している経済情勢の場合には、新築マンションの供給が厳しくなりますので、こうした需要もあり得るところです。

　これらを活用していくことは、とりもなおさず、老朽貸家等が特定空家等の概念に該当しなくなるということです。空家等対策特別措置法が制定され、空家等の適切な管理は、基本的にはその所有者等に義務があると定められました。自分の所有物であるから、管理するもしないも自由であるとはいえなくなるだけに、きちんとした管理を心掛ける必要があります。

5 相続した空き家に係る 3,000万円特別控除の適用

Question

　一人暮らしをしていた母が亡くなり、実家を相続しましたが、故郷に帰るつもりはありません。このままにしておいても用心が悪いので思い切って売却しようと思います。譲渡にあたって一定要件のもと特例が適用できるそうですが、どのような制度なのでしょうか。

Answer

POINT

① 被相続人の居住用不動産の譲渡につき3,000万円の特別控除が適用。

② 昭和56年５月31日以前に建築された家屋と敷地の譲渡に限定。

③ 被相続人が老人ホーム等に入居していても一定要件で適用対象に。

④ 譲渡対価の合計額が１億円以下で令和５年12月末までの譲渡に適用。

解説

1　空き家に係る譲渡所得に3,000万円の特別控除を適用

　空き家の最大の発生要因は相続に由来する古い家屋及びその敷地となっています。被相続人にとっては居住用財産でありながら、これを取得した相続人が空き家の状態で譲渡すると、居住用財産の譲渡所得の特別控除の特例の適用ができず、このことが空き家として放置される原因の一つになっているとして、空き家の発生を抑制するために、令和５年12月31日までの相続空き家に係る譲渡所得については、居住用財産の譲渡所得の特別控除の特例に組み込まれ、3,000万円の特別控除の適用を受けることができます。

【特例のイメージ】

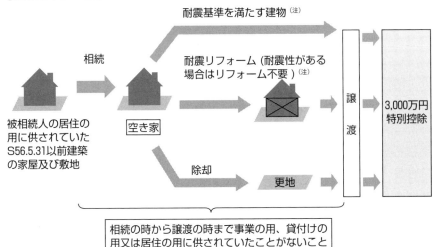

（注）　譲渡の時において地震に対する安全性に係る規定又はこれに準ずる基準に適合するものに限る。

2　特別控除特例の適用要件

(1)　一人暮らしであること

　この特例は空き家をなくすことを目的にしていますので、亡くなられた時点で同居者がおらず、一人暮らしの場合に限られます。被相続人が居住していた空き家とその敷地を相続された方が売却して利益を得た場合に3,000万円の特別控除が認められます。

(2)　老人ホーム入居者も適用対象

　老人ホーム等に入所をしたことにより被相続人の居住の用に供されなくなった家屋及びその家屋の敷地の用に供されていた土地等は、従来適用対象とされていませんでしたが、次の一定の要件を満たす場合に限り、相続の開始の直前においてその被相続人の居住の用に供されていたものとして3,000万円控除の特例を適用することができます。

①　被相続人が介護保険法に規定する要介護認定等を受け、かつ、相続の開始の直前まで老人ホーム等に入所をしていたこと。

②　被相続人が老人ホーム等に入所をした時から相続の開始の直前まで、

その家屋について 一定の使用がされ、かつ、事業の用、貸付けの用又は
その者以外の居住の用に供されていたことがないこと。

　この一定の使用の要件とは、電気、ガス、水道などの契約が解除され
ていないこと等です。

⑶　昭和56年５月31日以前に建築された建物であること

　対象になる建物は被相続人の居住の用に供されていた昭和56年５月31日
以前に建築された建物とその敷地に限られます。区分所有建築物は除かれ、
建物を壊して敷地のみを譲渡するか、建物について耐震基準を満たすよう
に耐震リフォームをしてから譲渡しなければなりません。もっとも、耐震
基準を満たしている建物の場合にはそのまま譲渡してもOKです。

⑷　相続から譲渡まで引き続き空き家であること

　相続から譲渡まで引き続き空き家でなければならず、相続後にその家や
家を取り壊した後の土地を事業の用、貸付けの用又は居住の用に供した場
合にはこの特例は適用できません。また、「相続開始から譲渡まで空き家で
あったこと等」について地方公共団体の長などから証明する書類その他の
書類の交付を受けて確定申告書に添付しなければなりません。

⑸　譲渡対価が１億円を超えるものは適用されない

　建物及び土地の合計譲渡価額が１億円を超えるものは適用対象外です。
２回以上に分けて売却した場合及び売却期間が数年以上空いている場合で
あっても、売却額の合計額を通算して判定されます。

３　相続財産に係る譲渡所得の課税の特例との選択適用

　相続した土地等を相続税の申告期限から３年を経過する日までに譲渡し
た場合には、譲渡した資産に係る相続税額を取得費に加算して譲渡所得を
計算する特例がありますが、「空き家に係る譲渡所得の特別控除の特例」は
この特例と選択適用することになります。

【「空き家に係る譲渡所得の特別控除の特例」と他の特例との関係】

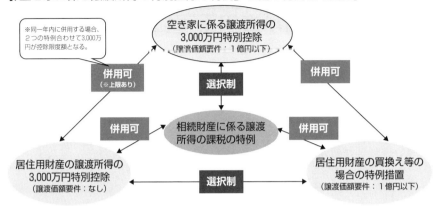

【適用要件】

家屋	被相続人の居住用家屋	相続開始直前に被相続人の居住の用に供されていた家屋
	独居であったこと	相続開始直前に被相続人以外の居住者がいなかったもの
	家屋	昭和56年5月31日以前に建築された家屋であること（区分所有建築物を除く）
土地等		相続開始直前において被相続人居住用家屋の敷地の用に供されていた土地等
対象者		相続により被相続人居住用家屋及びその敷地の用に供された土地等を取得した個人
適用期間		平成28年4月1日から令和5年12月31日までの譲渡
相続開始時からの譲渡期限		相続の時から相続開始日以後3年を経過する日の属する年の12月31日までの譲渡
譲渡対価限度額		譲渡対価の額が1億円を超えるものを除く

**特定空家等の勧告により住宅用地の
軽減特例が適用不可に**

Question

　長屋として貸していたのですが、10年前に賃借人が退去してから住んでいる人はいません。それ以後は空家として放置しているのですが、もし空家等対策特別措置法により特定空家等として勧告を受けると、税務上何か困ったことになるのでしょうか。

Answer

POINT

① 空家等を放置しておけば固定資産税等が安くすんでいた。
② 市町村が空家等につき除却、修繕等の措置を指導・助言する。
③ 特定空家等として勧告されると住宅用地の特例適用不可となる。

解説

1　特定空家等の敷地にかかる固定資産税等

　国、都道府県が一体となって空家等に対処するため、平成26年11月に空家等対策特別措置法が成立しました。

　適正な管理が行われていない空家が放置されている理由の１つに、固定資産税等の住宅用地の特例措置が空家の敷地であっても適用され続けることの指摘がありました。

　そこで、空家等対策特別措置法に基づく必要な措置の勧告の対象となった特定空家等に係る土地については、住宅用地に係る固定資産税及び都市計画税の課税標準の特例対象から除外することとされました。

　もちろん空家だからといって、いきなり固定資産税等の課税が強化されるわけではありません。まず、管理が不十分である空家等であるかどうかについて市町村が調査します。そのうえで「特定空家等」に該当する状況

である場合には、その所有者等に対して除却、修繕、立木竹の伐採その他
周辺の生活環境の保全を図るために必要な助言又は指導をします。それで
も、所有者等が履行をしない又は履行をしても十分でないとき又は期限ま
でに完了する見込みのないときに勧告に至ります。勧告があって初めて固
定資産税等の住宅用地の特例が適用できないことになります。

空家の敷地に対する固定資産税等の住宅用地の特例対象の見直し

	小規模住宅用地 （１戸につき200㎡以下の部分）	一般住宅用地 （200㎡超の部分・床面積の10倍まで）
固定資産税の 課税標準	1/6に減額	1/3に減額
都市計画税の 課税標準	1/3に減額	2/3に減額

空家でも現に存していれば特例が適用される

撤去せずに放置しておいたほうが土地にかかる固定資産税等が安い

「特定空家等」として勧告の対象となるとその敷地は特例対象から除外！

2　特例対象から除外されると敷地にかかる税金は約3.57倍に

　特定空家等として勧告の対象となると、たとえ建物が建っていても住宅
用地に係る固定資産税及び都市計画税の課税標準の特例対象から除外され
ます。

　住宅用地の特例が適用されている200㎡以内の空家の敷地で、その固定資
産税評価額が3,000万円であったとします。負担調整がないとすると、固定
資産税額は3,000万円×6分の１×1.4%（固定資産税の標準税率）=70,000
円、都市計画税は3,000万円×3分の１×0.3%（都市計画税の制限税率）
=30,000円、合計100,000円となります。

しかし、特定空家等として勧告の対象となると、住宅用地の特例が適用されず、負担標準70％超とすると、固定資産税額が3,000万円×70％×1.4％＝294,000円、都市計画税が3,000万円×70％×0.3％＝63,000円、合計357,000円となり、なんと3.57倍となります。しかも空家である建物に対しては、従前どおり固定資産税・都市計画税がかかります。

住宅用地に係る税金の課税標準が固定資産税評価額の６分の１（又は３分の１）とされているのに、軽減特例の適用がなくなっても土地にかかる税金が６倍（又は３倍）にならない理由は次の２点です。

① 固定資産税は固定資産税評価額の６分の１に対して1.4％の税率でかかり、都市計画税は固定資産税評価額の３分の１に対して0.3％の税率でかかるため。

② 商業地などの土地の課税標準は、固定資産税評価額の70％を課税標準にしており、住宅用地の特例の適用は固定資産税評価額そのものの６分の１又は３分の１としているため。

固定資産税の評価額と課税標準の関係図

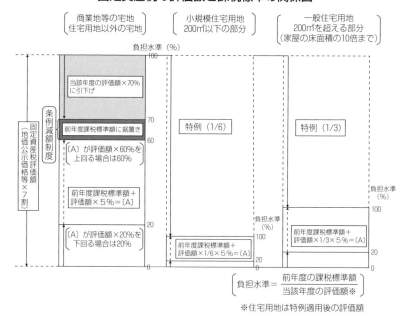

3　建物を取り壊せば建物にかかる固定資産税等が減少

　特定空家等として勧告を受けなければ、住宅用地の特例を受けて土地にかかる固定資産税・都市計画税が安くすみます。建物の評価額が300万円とすると建物にかかる固定資産税・都市計画税は300万円×1.7％＝51,000円で、土地にかかる分と合計して151,000円です。しかし、勧告を受けると固定資産税・都市計画税が高くなり、しかも建物に対する固定資産税・都市計画税もかかりますので、合計408,000円となります。建物を取り壊せば土地の分のみですから357,000円ですむことになります。

■設例

事　例　①土地200m²以内の土地で評価額　3,000万円

　　　　②建物　　　　　　　　　評価額　　300万円

改正前　空家でも小規模住宅用地として、固定資産税（1.4%）・都市計画税（0.3%）が課税

　①土地 ⎛ 固：3,000万円×1/6×1.4%＝70,000円 ⎞
　　　　 ⎝ 都：3,000万円×1/3×0.3%＝30,000円 ⎠

　②建物　　　300万円　　×1.7%＝51,000円
　　　　　　　合　計　　　　　151,000円

100,000円

改正後　特定空家として勧告（負担水準70%超の場合）
　①土地　　3,000万円×70%×1.7%＝357,000円　　　土地3.57倍
　②建物　　　300万円　　×1.7%＝ 51,000円
　　　　　　　合　計　　　　　408,000円

取壊し後　①土地　3,000万円×70%×1.7%＝357,000円

7 長期間空家の賃貸不動産は税金対策で不利に

Question

長期間、空家状態が続いている建物とその敷地について相続税評価をするとき、借家権割合の控除や貸家建付地割合を控除することができない場合があると聞きました。どう対処すればよいのでしょうか。

Answer

POINT

① 相続開始時点で空家の戸建て賃貸建物は借家権等の控除は不可。

② 集合住宅の空室部分の借家権割合等の控除についての厳しい裁決。

③ 相続発生までの空家等の解消こそが相続税対策の重要ポイント。

解説

1　貸家及びその敷地の相続税評価

貸家及びその敷地の所有者に相続が発生した場合のこれらの相続税評価額は、宅地の自用地としての価額や家屋の価額から、国税局長が定める「借家権割合」や「貸家建付地割合」等を乗じたものを差し引く方法で評価されます。

①	貸家の評価	固定資産税評価額 × （1−借家権割合 × 賃貸割合）
②	貸家建付地の評価	自用地評価額 × $\left(1 - \frac{\text{借地権}}{\text{割合}} \times \frac{\text{借家権}}{\text{割合}} \times \frac{\text{賃貸}}{\text{割合}}\right)$

これは、次のような理由を考慮したことによります。

⑴　借家権の目的となっている場合には、賃貸人は一定の正当事由がない場合には、建物賃貸借契約の更新拒絶や解約申入れができないため、借家権を消滅させるために立退料等の支払が予想されること。

140

⑵　家屋の借家人は、家屋に対する権利を有するほか、その敷地について
　も、家屋の賃借権に基づき家屋の利用の範囲内で、ある程度の支配権を
　有しているものと認められ、逆にその範囲において地主は、利用につい
　ての受忍義務を負うこととなること。

⑶　借家権が付いたままで貸家及びその敷地を譲渡する場合にも、譲受人
　は建物及びその敷地の利用が制約されることになるため、貸家及び貸家
　建付地等の経済的価値は、そうでない建物及び敷地等に比較して低下し
　ていること。

2　集合住宅の一時的な空室は借家権等を控除できる

　国税庁の「タックスアンサー」のNo.4614「貸家建付地の評価」におい
て、継続的に賃貸されていたアパート等の各独立部分については、例えば
次のような事実関係から、課税時期において一時的に空室となっていたに
すぎないと認められる場合には、課税時期においても賃貸されていたもの
として取り扱って差し支えないとしています。

①　各独立部分が課税時期前に継続的に賃貸されてきたものであること。

②　賃借人の退去後速やかに新たな賃借人の募集が行われ、空室の期間中、
　他の用途に供されていないこと。

③　空室の期間が、課税時期前後の例えば1か月程度であるなど、一時的
　な期間であること。

④　課税時期後の賃貸が一時的なものではないこと。

3　空家の戸建て賃貸建物は借家権等の控除なし

　平成26年4月18日の国税不服審判所による裁決において、「相続開始日に
おいて現に賃貸されておらず、借家権による制約が全くない戸建住宅の家
屋及び敷地については、相続開始日において一時的に賃貸されていなかっ
たと認められるものに該当するか否かにかかわらず、その全部について貸
家及び貸家建付地等としての減価を考慮する必要はなく、自用のものとし
て評価するのが相当である。」とされています。

　一時的な空室であるかどうかはあくまでもアパート等の集合賃貸建物で

あって、戸建て賃貸建物においては相続開始日時点で、賃貸に供されているかどうかを判断するものと裁決しています。

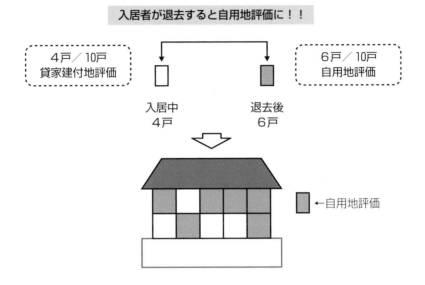

入居者が退去すると自用地評価に！！

4戸／10戸
貸家建付地評価

6戸／10戸
自用地評価

入居中
4戸

退去後
6戸

← 自用地評価

4 賃貸集合住宅の空室部分の借家権割合等の控除も厳しく

　同じ裁決において、「相続開始日の数日後に賃貸借契約が締結されているものの、相続開始日時点で、既に7か月以上空室であったのであり、結局、その空室期間は約8か月に及んでいるのである。このような空室期間等の賃貸の状況に照らしてみれば、各家屋の維持管理の状況や賃借人の募集の状況等の諸事情を考慮したとしても、賃貸割合の算出上、本件各独立部分が『一時的に賃貸されていなかったと認められるもの』に該当するものと認めることはできない。」としています。

　相続開始日のわずか数日後には賃貸借契約が締結されているにもかかわらず、7か月が「空室の期間が、課税時期前後の例えば1か月程度であるなど、一時的な期間であること」に該当しないことをもって、借家権割合及び貸家建付地割合の控除を認めないとする厳しい裁決となっています。

5　空家や空室解消は相続税対策の重要ポイント

　賃貸集合住宅の空室部分に対する借家権割合等の税務上の取扱いは、今までは各国税局の課税実務において違いがあったように見受けられます。原則どおり取り扱っている国税局もあるようですが、相続開始の数日後に契約した空室部分まで、賃貸中と認めない裁決のような厳しい取扱いは少なかったと思われます。各家屋の維持管理の状況や賃借人の募集の状況等の諸事情を考慮して弾力的に取り扱っている事例が多々ありました。

　しかし、この裁決事例が公表され、空家と空室の税務上の取扱いは厳しくなっています。相続税対策を主眼として考えるなら、戸建て賃貸建物においては、相続開始までにその解消をしておくことが重要です。また、賃貸集合住宅においても、空室が長期間継続しているような場合には、家賃を下げたり、きちんと修繕をしてでも相続開始までに空室を解消するようにしておく必要があるでしょう。

第4章

借地問題の法律と税金の問題解決策

借地権とはどのような権利か

Question

駐車場として2年の約束で土地を第三者に賃貸しています。期間が満了したので土地を返してもらいたいと借主に申し入れたところ、借主は「自分は土地を借りており、借地権があるのだから立退料を支払え」といっています。借地権の対価として立退料を支払うべきでしょうか。

Answer

POINT

① 借地権とは建物所有を目的とする地上権又は土地賃借権である。
② 駐車場は建物所有を目的としないから借地権ではない。
③ 借地権には地上権と土地賃借権とがある。
④ 借地権には、普通借地権と3種類の定期借地権がある。

解説

1 借地権とは

　借地権について、文字どおり土地を借りる権利のことだと考えている方が多いようです。しかし、借地権となれば、借地借家法が適用され、契約期間が満了しても、貸主が正当事由を具備していなければ、借地契約は法定更新（貸主が借地契約の更新を拒否しても法律の規定により借地契約が更新されてしまうこと）されてしまいます。

　したがって、借地権の場合には、貸主が正当事由を具備していない限りは、貸主が契約の更新を拒否しても借地権は継続することになります。このため、貸主が、借地人に対し、正当事由を備えていないにもかかわらず貸地からの立退きを求める際には、立退料の支払が必要になっているのです。このように、借地権には、極めて強力な権利が付与されており、ただ

単に土地を借りるという権利には、そこまでの強力な権利性は認められてはいないのです。

　借地借家法では、借地権とは、「建物所有を目的とする地上権又は土地の賃借権」をいうとされています。要するに、借地権とは、ただ単に土地を借りる権利をいうものではありません。土地を借りる権利のうち、建物の所有を目的とするものだけが借地権と呼ばれるものなのです。

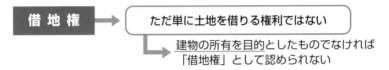

2　建物の所有を目的とする権利

　借地権は、建物の所有を目的とするものでなければ認められません。例えば、ゴルフ場経営の目的で広大な土地を賃貸借する場合は、ゴルフ場はゴルフプレーを楽しむための場所ですから、建物の所有を目的とするわけではありません（もっとも、クラブハウスは建物ですから、クラブハウスの敷地の範囲に限定する限りは、建物所有の目的といえるかもしれませんが、それは別問題とします）。

　したがって、ゴルフ場を経営する目的で土地が賃借された場合には、そのゴルフ場運営会社の有する権利は、民法上の土地賃借権ではあっても、借地借家法に定める「借地権」ではありません。

　よって、駐車場も、建物の中に駐車施設を収める立体駐車場建物の所有を目的とする場合は別ですが、青空駐車場のように専ら駐車を目的とする土地利用権の場合には、建物所有を目的とするとはいえません。

　結論として、駐車場としての土地賃貸借は、民法上の土地賃借権ではあっても、借地借家法に定める「借地権」ではありません。

3　地上権又は土地賃借権

　借地借家法では、「建物所有を目的とする地上権又は土地の賃借権」を借地権と定義しています。したがって、借地権には、①地上権と、②土地賃借権の2種類があることになります。

(1) 地上権の特徴

　地上権と土地賃借権とはどこが違うのかということですが、地上権は物権です。物権法定主義といって、地上権はその内容が法律で決められています。

　　地上権の主な特徴を挙げると、次のとおりです。

①　地上権の譲渡は貸主の承諾を得ることなく自由に行うことができる。

　　地上権として借地権を設定すると、借地権の譲渡は自由に行われますので、貸主は自己の敷地に誰が借地人として居住するかについて自らの意思を反映させることができなくなることを意味します。逆にいえば、地上権とすれば、借地人の側は、借地権の譲渡が自由にできるのですから、客付は良くなるということはいえると思われます。

②　地上権そのものに対して抵当権を設定できる。

　　地上権自体が競売の対象となり得ることを意味します。

③　地上権の消滅請求は連続して２年間の地代の不払が要件である。

　　このことは、地上権として借地権を設定した場合には、借地権を消滅させることが容易ではなくなるということです。「連続して２年間」とは24か月連続という意味です。

④　地上権を設定した土地は物納ができなくなる。

　　借地権として土地の有効活用をしつつ、将来、相続が発生した場合には借地権を設定した底地を物納したいと考えている土地所有者の方は、地上権で借地権を設定することは避けるべきです。

⑤　地上権には登記請求権があり、貸主に登記を要求できる。

　　地上権のこれらの特徴をみると、地上権は担保権の対象となり得ますし譲渡も自由に行えますので、借地権としての有効活用の際に、立地条件等から客付が悪いのではないかと心配される場合には、地上権とするほうが客は付きやすいということはいえそうです。

148

(2)　土地賃借権の特徴

　土地賃借権は民法上の賃貸借契約を締結することにより設定される権利です。賃借権は物権ではなく、債権であるため、地上権に比べるとかなりの制約があります。

　賃借権の主な特徴を挙げると、次のとおりです。

①　賃借権の譲渡は貸主の承諾が必要となる。

　借地権を設定した土地につき、土地を使用する者はすべて貸主の了解を得た者に限定したいと考える土地所有者の方は、賃借権によって借地権を設定したほうがよいということになります。

②　賃借権そのものには抵当権の設定は認められていない。

　ただし、借地上の建物に抵当権を設定した場合は、その抵当権は建物の敷地利用権（土地賃借権）にも及びます。したがって、借地上の建物を競売する場合には、借地権付価格で売却価格は決定されます。

③　土地賃貸借契約の解除は相当期間の賃料の不払があれば可能である。

　地上権に比べて賃借権の解約のほうが容易です。

④　土地賃借権を設定した土地も物納が可能である。

　地上権では物納は認められませんが、賃借権であった場合は、物納条件さえ満たしていれば底地の物納は可能です。将来の物納の可能性も見据えた土地活用を考えている土地所有者の方は、賃借権方式での借地経営を考えることになるでしょう。

⑤　土地賃借権には登記請求権がなく、貸主の承諾が必要である。

地上権と賃借権との主な相違点

		地　上　権	土地賃借権
①	譲渡承諾の可否	自由譲渡性 地主の承諾は不要	地主の承諾が必要
②	抵当権設定の可否	設定可能	設定不可
③	地代不払の解除	2年間連続した地代不払で解除可能	相当期間の不払で解除可能
④	地主から見た底地物納の可否	不可	可能
⑤	登記請求権の可否	請求可能	地主の承諾が必要

2 課税上の借地権の取扱い

Question

　民法上借地権があっても、税法上は借地権がないとされることや、反対に借地権の存在が認められることもあるそうですが、税法上の借地権はどのような点に注意すればよいのでしょうか。

Answer

POINT

① 借地権は税法ごとに定義が異なる。
② 相続税法上の借地権は建物の敷地に限定されている。
③ 使用貸借の場合には相続税法上、借地権はないものとされる。
④ 借地人以外の人が底地を購入した場合は要注意である。

解説

1 借地権の税法上の考え方の相違

　一般的な取引慣行で、建物の所有を目的とする土地の賃貸借契約を締結する場合、権利金の授受をします。民法上は、賃貸借された宅地の上に建物が建てられるとその時点で借地権が発生することになります。地主と建物所有者が同じである場合には問題はないのですが、異なる場合には借地権が地主から建物所有者へ移転することになります。

　しかし、借地権に関する税法上の考え方は民法とは一致せず、税法ごとに異なっています。法人税法上の借地権の定義は、「建物又は構築物の所有を目的とする地上権又は土地の賃借権」だけでなく、施設を設けないで物品置場、駐車場として土地を更地のまま使用する場合も含まれます。また、所得税法上は「建物若しくは構築物の所有を目的とする地上権若しくは賃借権」を借地権と定義しています。相続税法上の借地権は「建物の所有を

目的とする地上権又は賃借権」に限定されています。このように相違していますので、税法上の判断には十分な注意が必要です。

2　使用貸借の場合の取扱い

　親族間において、当然必要とされる権利金や地代の受渡しをせずに無償で返還することを約束して土地を無償で使用させる貸借契約をすることがあります。これを「使用貸借」といいます。この「使用貸借」の場合には、現行の相続税法では借地権はないものとされています。無償には、貸地の固定資産税相当額を借地人が地代名目で負担する場合も含まれます。

　土地と建物の所有者が異なれば、原則として建物所有者に借地権があるとされますが、使用貸借の場合、借地権はないものとされていますので贈与税の心配はいりません。ただし、相続が開始した時の土地所有者の底地は自用地であるとして評価されます。

　また、20年以上前に権利金をもらわず知人に土地を賃貸し、それ以後継続して地代を受け取っている場合、第三者による賃貸借契約であるため、相続税法上、借地権はあるとされ底地としての評価がされます。貸宅地としての評価は、契約以後地代が支払われているか否かがポイントです。

3　借地権の底地を購入した場合

　父が借地権を所有しており、建物等の建替時又は契約の更新時に、地主から子がその底地を買った場合において、地代の支払がなくなった場合は、一般的には、その底地の取得者である子は、その借地権者である親からその借地権の贈与を受けたものとして取り扱われます。これは、その底地の取得後、地代の授受が行われなくなったことにより、以前の借地権は消滅し、新たに使用貸借が開始したという考え方によるものです。

　ただし、その地代の授受が行われなくなった理由が借地権がなくなったものではないとして、その土地（底地）の取得者と借地権者との連署による「借地権者の地位に変更がない旨の申出書」を税務署長に提出した場合は、その借地権の贈与はなかったものとして取り扱われます。この場合、その借地権は、親が死亡した際には相続財産として相続税が課税されます。

同族会社との土地賃借の注意点

Question

　同族会社が、個人から土地を借りている場合において、借地権や地代について税務上、気をつけなければならない問題点があるそうですが、どのような問題点なのでしょうか。

Answer

POINT

① 個人の宅地に会社が建物を建てると借地権の認定課税もある。

② 認定課税されぬよう相当の地代を払う方法がある。

③ 無償返還に関する届出書を提出すると認定課税はない。

解説

1 土地を貸した時の借地権

　民法上は、宅地の上に建物が建てられると、その時点で借地権が発生します。地主と建物所有者が同じ場合には問題はないのですが、異なる場合には借地権が地主から建物所有者に移転することになります。したがって、同族会社といえども、個人から土地を借りて建物を建てた場合に権利金の受渡しがないと、借地権の贈与を受けたものとみなされて権利金の認定が行われ、法人税が課税されます。

2 同族会社への貸地の取扱い

　1で説明したように、個人所有の宅地の上に同族会社が建物を建てると、その時点で、原則として同族会社に借地権が認定されます。この認定課税を回避するためには、毎年相当の地代（土地の価額の6％相当額）を払うという方法と、高額な相当地代を払わずに「土地の無償返還に関する届出

書」を提出する方法があります。

　土地の価額が上昇すると想定できた時代には相当の地代方式に人気がありました。しかし、土地の価額の見通しが利かない現況では、相当の地代方式は高額な地代ですから、地主にとっては高額な所得税が課税され、かえって地代収入により相続財産が増えるなどのデメリットがあり、今では「土地の無償返還に関する届出書」方式を活用する人が大半を占めています。

3　相当の地代方式とは

　権利金授受の慣行がある地域で、権利金の授受に代えて相当の地代の授受があれば、それは正常な取引として扱い、権利金の認定課税は行われません。相当の地代については、地価の上昇に応じて改定する場合には届出が必要で、改定したときは借地権の価値はゼロとして取り扱われ、改定しなかった場合には、差額地代が認定課税されます。

　届出をしなかった場合には、差額地代に対応する借地権の価値が結果的に借地人に発生することになり、この「自然発生借地権」については、借地権の譲渡等の際に課税されます。個人地主・個人借地人の場合で賃貸借契約が存する場合でも、相当の地代の支払があれば、借地権価額の贈与の課税はありません。なお、この相当の地代については次の算式により計算します。

【相当の地代の額の計算】

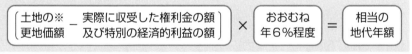

※　土地の更地価額は、本来は更地としての通常の取引価額ですが、課税上弊害がない限り、次によることができるとされています。
　　①　近傍類地の公示価格等から合理的に算定した価額
　　②　相続税評価額
　　③　相続税評価額の過去3年間の平均額

4　賃料改訂型と据置き型

　いったんは相当の地代を収受することを前提に借地権を設定した場合で

も、その後土地の価額の上昇に応じて地代を改定しなければ、地代率が低下し、相当の地代に不足する状態になります。地代率の低下は借地権価額の上昇を進行させますから、自然発生的に借地人に借地権の含み益が発生していくことになります。

　この場合、地価の上昇に応じて改定するか、改定せずにそのままにしておくかは会社の自由です。改定する場合には、選択した旨の届出を税務署長に届け出る必要があり、その改定はおおむね3年ごとに見直すこととされています。増額改定する方法を採用した場合には借地権の評価はゼロですが、改定しない場合には、いわゆる自然発生借地権が発生することになります。

【相当地代方式による地価上昇時】

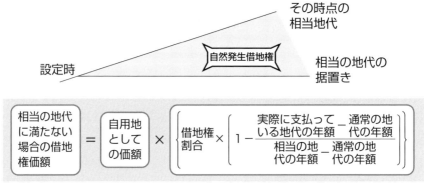

※1　特殊関係者間の賃貸借についてのみ適用します。第三者間については借地権割合により
　　ます。
　2　通常の地代＝自用地価額×（1－借地権割合）×6％としてもよいことになっています。

【地価の上昇、下降があった場合】

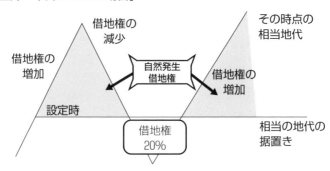

154

5　相当の地代を引き下げたとき

　相当の理由もなく地代を引き下げたときは、引き下げた事実によって引き下げ後の地代を賃貸借契約で定めていたものとして、その時に新たに借地権の設定があったものとみなされ、権利金の認定課税が行われます。ただし、地価の下落が明らかとなっているといった、一定の場合には、「相当の理由」に該当し認定課税されないと思われます。

6　無償返還の届出の活用

　また、地主である会社が借地権の設定に際して通常の権利金も相当の地代も収受しなくても、借地契約において将来借地人が土地を無償で返還することを定めた、借地人との連名の「土地の無償返還に関する届出書」を税務署長に提出すれば、相当の地代が授受されていない場合でも権利金の認定課税はされません。しかし、相当の地代と実際の支払地代との差額については地代の認定が行われます。

　個人地主と個人借地人との間では「無償返還届出」制度も地代の認定もなく、使用貸借の取扱いが定められているだけですので、ご安心ください。

【土地の無償返還に関する届出書】

国税局長
税務署長　殿　　　　　　　　　　　令和　年　月　日

　土地所有者_____は、〔借地権の設定等／使用貸借契約〕により下記の土地を〔平成／令和〕__年__月__日から_____に使用させることとしましたが、その契約に基づき将来借地人等から無償で土地の返還を受けることになっていますので、その旨を届け出ます。

　なお、下記の土地の所有又は使用に関する権利等に変動が生じた場合には、速やかにその旨を届け出ることとします。

4 地代の改定方法

Question

8年前に私の所有する宅地をA氏に賃貸する旨の貸地契約を締結しました。ところが、先月、A氏から勤務先の業績も芳しくないし給与も下げられているので地代を15％減額してほしいとの手紙が届きました。地代は既に合意済みですが、契約途中で地代の減額をする必要があるのでしょうか。

Answer

POINT
① 貸地契約の当事者は地代の増減額請求権を有している。
② 増減額の可否は、経済情勢の変動や近隣地代との比較による。
③ 借地人は減額請求後は減額の結論が出るまで従前賃料を支払う。
④ 増減額の合意をした場合は、増減の効果は増減請求時までさかのぼる。

解説

1 貸地契約と地代の増減額請求権

貸地契約を締結する際には契約期間と地代額を合意しているはずです。契約遵守の観点から、本来ならば、契約で合意した地代額は互いに維持していかなければなりません。

しかし、借地借家法は、契約期間中であっても、合意した地代額が、経済情勢の変動や近隣の地代と比較して不相当となったときは、当事者は将来に向かって地代の増減を請求することができるものとしています。具体的には、借地借家法第11条が次のように定めています。

借地借家法第11条第1項
　地代又は土地の借賃が、土地に対する租税その他の公課の増減により、土地の価格の上昇若しくは低下その他の経済事情の変動により、又は近傍類似の土地の地代等に比較して不相当となったときは、契約の条件にかかわらず、当事者は、将来に向かって地代等の額の増減を請求することができる。ただし、一定の期間地代等を増額しない旨の特約がある場合には、その定めに従う。

2　地代の増減額請求権の要件

　貸地契約において、当事者が地代の増減を請求できる理由は、借地借家法第11条の規定どおり、公租公課の増減や、土地の価格の上昇・低下、経済情勢の変動や近隣事例との比較等から地代額が不相当となったときとされています。

　したがって、借地人の給与が下がった等の専ら借地人側の個人的な事情は、当事者が協議する場合に配慮することは差し支えありませんが、借地借家法第11条に定める法的な増減額請求権の理由とはなりません。

3　減額請求の効果とその後の手続

　地代減額請求権は、法律上は形成権と呼ばれており、法律関係を形成する効果があるものとされています。すなわち、減額請求権を行使する旨の通知が貸主に到達した時点で、地代減額の効果が発生しているということです（形成権ですので、権利の行使により、地代減額という法律関係を形成するものとされます）。

　しかし、実際には、本当に減額請求権の要件を満たしているのか、満たしているとしても、いくらに減額するのが妥当であるのかについては減額請求の時点では分かりません。したがって、減額請求後の地代額をいくらにするかを決定する手続が必要となります。

(1)　当事者間の協議による決定

　減額するか否か、減額後の地代額をいくらに設定するかは、一次的には、当事者間の協議に委ねられます。つまり、減額請求がなされた後は、貸主と借地人とが協議して、減額するか否か、減額するとした場合の地代額を

いくらにするかについて協議し、協議が成立すれば、それに従うというものです。新地代額が協議により決まったとすると、その新地代額は協議成立の時からではなく、減額請求の通知が貸主に到達した日にさかのぼります。減額請求権は形成権だからです。

減額請求の通知が
貸主に到達した日

協議成立日

新地代額

(2) **賃料減額調停**

　当事者間で減額の可否等について協議が調わないときは、減額請求をした借地人は、簡易裁判所に賃料減額調停を申し立てることになります。調停を申し立てずに賃料減額請求訴訟を提起することは、原則として認められておらず、裁判を起こす前に必ず調停を経なければならないものとされています。これを「調停前置主義」といいます。

　賃料減額調停では、通常は調停委員の中に不動産鑑定士の資格を有する人がおり、その調停委員が現地の見分や資料を調査して妥当と思われる調停案（減額請求の地代額を提案）を提示することが多いと思います。調停手続は、当事者の全員一致により成立しますので、1人でも反対の当事者がいれば、調停は成立できません。当事者が合意できなければ、調停は不調（調停不成立）として、賃料減額請求訴訟に移行することになります。

(3) **賃料減額請求訴訟**

　賃料減額調停が不調となった場合は、借地人の側から、貸主を相手方として、賃料減額請求訴訟が提起されます。これは裁判手続ですので調停とは異なり、相手方の同意は要件ではありません。双方の合意が成立しなくとも、裁判所が適正賃料額を決定して判決で宣告するという手続です。

　したがって、裁判により、減額請求後の新地代額が必ず決定されます。

　裁判所は妥当な新地代額を導き出すために鑑定人（不動産鑑定士）を選任し、適正賃料額の鑑定を命じます。鑑定は、減額を請求した借地人が申し立てる場合と、貸主の側も併せて鑑定を申し立てる場合とがあります。

　裁判所は、鑑定結果を踏まえて判決により適正賃料額を決定します。

4　あらたな地代額が決まるまでの地代の支払方法

　借地人は、上記のいずれかの手続により新地代額が決まるまでの間は、原則として、従前地代額を支払う義務があります。減額請求をしているからといって、一方的に自分が要求している地代額しか支払わないということは認められていません。もし、借地人が、勝手に希望する地代額しか支払わない場合には、地代の一部不払となり、それが相当な額に達した場合には貸地契約の解除が可能となります。

5 借地権が譲渡される場合の貸主の対応

Question

　私は、私の屋敷まわりの土地を借地人のA氏に賃貸し、A氏は自宅建物を建てていましたが、今般、A氏が転勤で他県に転居するので建物と借地権をB氏に譲渡したいといってきました。貸主としては、どのように対応すべきでしょうか。

Answer

┌──── POINT ────┐

① 賃借権である借地権の譲渡には貸主の承諾が必要である。
② 貸主に無断で賃借権を譲渡すると貸主は賃貸借を解除できる。
③ 貸主は借地権譲渡の承諾は拒否も承諾も可能である。
④ 貸主が承諾しない場合、借地人は借地非訟手続を提起できる。

1 借地権の譲渡と貸主の承諾

　借地権の中には、譲渡をする際に貸主の承諾が必要となるものと、貸主の承諾の必要のないものとの2種類があります。

　借地権譲渡の際に貸主の承諾が必要となるのは賃貸借契約で設定された賃借権です。民法は、「賃借人は、賃貸人の承諾を得なければ、その賃借権を譲り渡し、又は賃借物を転貸することができない」と定めており、さらに「賃借人が前項の規定に違反して第三者に賃借物の使用又は収益をさせたときは、賃貸人は、契約の解除をすることができる」（民法612）と定めているからです。これに対し、地上権については譲渡を禁止する規定は存在していませんので、地上権の譲渡は貸主の承諾を得ることなく自由に行うことができるとされています。

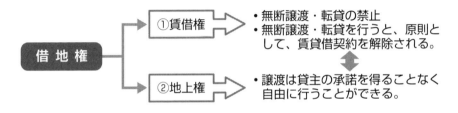

2　借地権の譲渡に対する貸主の対応

　地上権の譲渡は自由ですから、地上権である借地権の譲渡を貸主は拒否することができるわけではありません。これに対し、賃借権である借地権については、民法第612条の規定により、貸主の承諾を得ないで借地権の譲渡が行われれば、貸主は契約を解除することができるのです。そこで、貸主は、借地権の譲受人が納得いかなければ借地権の譲渡を拒否してもよいですし、承諾する場合には借地人から借地権譲渡の承諾料の支払を受けて承諾しているのが一般的です。ちなみに借地権の譲渡承諾料の額は、一般的には借地権価格の10％前後といわれています。

3　借地人による借地非訟の申立て

　借地権が賃借権である場合は、借地人は貸主の承諾を得なければ借地権の譲渡ができないのですが、貸主は承諾義務がありませんので、貸主が承諾を拒否するのに合理的な理由は必要とされていません。

　このため、借地権の譲渡が貸主に格別の不利益を及ぼさないと思われる場合でも、貸主が借地権の譲渡を承諾しない場合はあり得ます。このような場合には、借地借家法では、借地人は、借地権譲渡について貸主の承諾に代わる裁判所の許可を求めることができます。これを借地非訟手続といいます。裁判所は借地権の譲渡を許可する場合は、借地人に貸主に対して譲渡承諾料を支払うことを条件としています。裁判所の命ずる譲渡承諾料は、借地権価格の10％程度が一般的です。

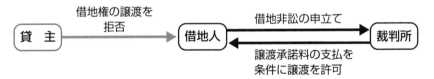

借地上の建物の増改築に対する対応

　私は、A氏に私の所有地を賃貸し、A氏は同土地上に2階建木造住宅を建築して居住しています。最近、A氏は1階部分の根太と柱を取り替えて間取りも変更し、2階部分は部屋を増築する予定だと他の人から聞きました。貸主である私の承諾を得なくとも、借地人は勝手に貸地上の建物を増改築できるのでしょうか。

Answer

┌─ POINT ─┐

① 貸地契約で禁止しない限り借地上建物の増改築は自由である。
② 借地人が増改築禁止特約に違反したときは契約を解除できる。
③ 借地人は貸主の承諾に代わる裁判所の許可の申立てを提起できる。
④ 増改築承諾料の目安は公示価格の3％程度である。

解説

1　借地上建物の増改築の可否

(1)　貸地契約における増改築の原則

　借地権を設定する貸地契約とは、契約期間と地代額とを定めて、一定期間、借地人に建物所有を目的として土地を使用収益させる契約です（契約期間を定めないときは借地借家法により30年間とされます）。

　借地人は、借地権の存続期間中は同土地上に建物を所有する権利が認められています。そこで、借地上の建物を取り壊して再築することも、それが借地の契約期間中であれば、借地権の権利の行使として当然に認められるものです。つまり、貸地契約においては、契約期間中であれば、増改築は自由であるのが法律上の原則なのです。

借地上建物の増改築　⇒⇒⇒　法律上は原則自由

(2)　増改築禁止特約

　これに対し、貸地契約において、「借地人は貸主の承諾を得なければ借地上の建物を増改築してはならない」という、いわゆる増改築禁止特約を合意することがあります。これは、増改築は自由であるとの民法と借地借家法の原則に対して、これを制限する特約です。この特約は借地人に不利な面もあるかもしれませんが、判例・学説上もこの特約を無効とするまでの事情はないとして、増改築禁止特約は有効と解されています。

　したがって、貸地契約において、借地上建物の増改築を禁止する旨の条項が定められている契約の場合に限って、借地人は、借地上建物を増改築しようとするときは、貸主の承諾を得なければならないとされており、これに違反したときは信頼関係を破壊しない特段の事情の認められない限りは、貸主は賃貸借契約を解除することができます。

借地上建物の増改築　→　増改築禁止特約なし　→　原則自由＝貸主の承諾必要なし

　　　　　　　　　　→　増改築禁止特約あり　→　増改築の際は貸主の承諾が必要

2　増改築に関する借地非訟手続

　貸主は増改築については承諾義務はありませんので、これを拒否することは自由です。ただし、借地人は、土地の通常の利用上相当と思われる増改築について貸主の承諾を得られない場合は、その増改築についての貸主の承諾に代わる許可を裁判所に求めることができます。

　裁判所は、増改築が相当であると認めるときは、借地人に貸主に対して増改築承諾料を支払うことを条件に増改築の許可をします。増改築の承諾料ですが、一般的には公示価格の３％前後のものが多いと思われます。

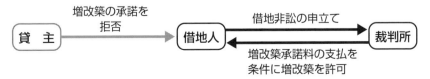

貸主　―増改築の承諾を拒否→　借地人　―借地非訟の申立て→　裁判所
　　　　　　　　　　　　　　　借地人　←増改築承諾料の支払を条件に増改築を許可―　裁判所

7 更新料の請求の可否

Question

　借地人と契約していた借地契約が来年満了します。借地人は今後も契約を更新していきたいとの考えであり、私も契約の更新には異議はありません。更新に当たっては更新料を請求したいと思いますが、払ってもらえるでしょうか。また、更新料を支払わない場合には契約を解除することはできますか。

Answer

POINT

① 契約更新時に当然に更新料を支払うとの慣習は存在しない。
② 貸地契約には更新料を請求できるものとできないものとがある。
③ 更新料を支払う旨の特約がある場合に限り更新料の請求は可能である。
④ 更新料を払わないときは貸地契約を解除できる場合があり得る。

解説

1　貸地契約と更新料の支払義務

　わが国の大都市や一部の地域においては、貸地契約の期間が満了し、契約を更新する際に、借地人から貸主に対して更新料が支払われています。特定のエリアに限れば、そのエリア内の貸地ではほとんどの借主が更新の際に更新料を支払っているという地域もあります。そこで、更新料については、事実上慣習となっているものであって、いわゆる社会的な慣習としての拘束力により、支払が義務付けられているものではないかとの考え方もありました。慣習が根拠であれば、更新料を支払う意思のない借地人にも更新料の支払が義務付けられることになります。

　この点について、最高裁は、「賃貸人の請求があれば当然に更新料の支払義務が生ずる旨の商慣習ないし事実たる慣習は、存在しない」との判断を示しており（最高裁昭和51年10月１日）、慣習では更新料の支払は義務づけられないとしています。

　慣習では更新料の支払が義務づけられないならば、更新料の支払を義務づけるものは契約しかありません。すなわち、貸地契約において、借地人が貸主に更新料を支払う旨の特約を結んでいれば、法的にも更新料支払義務が発生することになります。

　したがって、借地人に対して、更新料の支払請求権が認められるか否かを判断するためには、貸地契約の内容を確認する必要があります。貸地契約に更新料の支払義務があると規定されている場合には借地人は更新料を支払わなくてはなりませんし、更新料に関する規定がないという場合には、更新料の支払義務はありません。

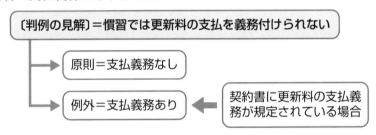

2　更新料の不払と貸地契約の解除

　貸地契約に更新料支払義務が規定されているにもかかわらず、借地人が更新料を支払わない場合に、貸主は契約違反を理由に貸地契約を解除できるのでしょうか。

　最高裁は、契約解除の可否につき、「更新料の支払が賃料の支払と同様、更新後の賃貸借契約の重要な要素として組み込まれ、当事者の信頼関係を維持する基礎をなしている場合には、その不払は右基礎を失わせる著しい背信行為として賃貸借契約自体の解除原因となり得る」との判断を示しています（最高裁昭和56年３月13日）。

8 貸地の名義書換料や更新料の取扱い

Question

　契約期間満了につき借地人からの更新の申出に伴う更新料や、長男名義の建物に建て替えたいという申出に伴う承諾料をもらった場合、税務上の取扱いはどうなっているのでしょう。

Answer

POINT

① 更新料や承諾料は不動産所得として課税される。

② 平均課税の適用を受け税負担が軽くなることもある。

③ 更新料等を支払った側は原則として取得費となる。

解説

1　権利金、更新料などの一時金の課税上の所得分類

　借地権の設定や譲渡・消滅の対価又は更新料及び承諾料などについて、その性質と金額による分類をさらに詳しく表示しますと、次の図表のようになります。

　このように分類は複雑ですが、譲渡所得に分類されるか、不動産所得に分類されるかによって税額がまるっきり変わってきますので、この分類基準は、はっきりと理解しておくとよいでしょう。

取引形態別所得の分類

取　引 形　態	土地譲渡の対価 借地権の譲渡・ 消滅の対価	借地権の設定の対価	建物増改築、借地条件変更、借地権の譲渡等の承諾料、又は更新料	地　代
所得の 分　類	譲渡所得	譲渡所得、又は不動産所得（金額により）	不動産所得（金額により平均課税の適用）	不動産所　得

2　更新料などが平均課税の適用を受ける場合

　地主の受け取った更新料、借地権譲渡承諾料、増改築承諾料等は、譲渡所得に該当しない場合には不動産所得となります。

　不動産所得となった場合に地代と比較すると、更新料や承諾料等は、一般的には相当大きな金額になります。また、その性質もその年だけというより、今後何十年間の使用対価の先払と考えられます。更新料等を受け入れた年に普通の所得税計算をしますと、累進課税により毎年分割して受け入れた場合の税額の合計に比べて、かなり割高になってしまいます。そこで、更新料などの一時金は、次のような一定条件を満たしている場合には臨時所得とされます。

　　　①　その土地を３年以上使用させるものであること
　　　②　その金額が地代年額の２倍以上であること

　臨時所得の金額が、その年の総所得金額の20％を超えるときには、収入を５で割って税額計算し、それを５倍する５分５乗方式により計算する平均課税の適用を受けることができ、税負担が相当低くなります。更新料や承諾料等が平均課税の対象となる場合には、必ず適用を受けるように注意してください。

3　借地権等の更新料を支払った場合

　不動産所得、事業所得などを生ずべき業務の用に供する借地権等の存続期間を更新するに当たって更新料を支払った場合、原則として、その更新料は借地権の取得価額に加算されます。

　しかし、借地権等のうち、賃借期間が経過して消滅した部分は借地権の価値がなくなったことになりますから、更新料を支払ったときに、次の算式に示す額を、更新のあった日の属する年分の不動産所得、事業所得等の金額の計算上、必要経費に算入します。

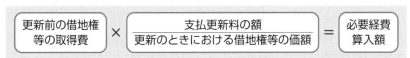

9 借地上の建物の名義

Question

　私は、自分の所有地をA氏に賃貸することにしましたが、A氏からは、借地上に建築する建物はA氏の長男のBの名義にしたいので了承してもらいたいといわれました。私としては、どちらでも構わないのですが、借地名義人と建物の名義人は一緒でなくとも問題はないのでしょうか。

Answer

POINT

① 借地権の対抗要件は借地権登記の外建物登記も対抗要件となる。

② 建物に表示登記をしていれば対抗要件として認められる。

③ 借地の名義人と建物名義人が異なると対抗力は認められない。

④ 借地人の長男名義で建物登記をしても対抗力は認められない。

解説

1　借地権の対抗要件

　貸主と借地人Aが貸地契約を締結すれば、Aは貸主に対して自分が借地権を有していることを主張できます。しかし、貸主からその土地を第三者が購入した場合、第三者はAとの間では貸地契約を取り交わしているわけではありません。このような場合でも、Aがその借地権を第三者に主張できることを「借地権の対抗力」といい、借地権が対抗力を持つために必要とされるのが「対抗要件」といわれるものです。

　例えば、土地や建物の所有権を第三者に主張するためには、土地、建物の所有権の登記が必要とされています。物権である地上権は地主に登記請求ができますが、債権である土地賃借権は登記請求権がないため、地主が登記を拒絶すると登記の方法がありません。借地権が土地賃借権の場合には、地主

が土地を第三者に譲渡してしまえば、借地権は容易に覆されてしまいます。

　そこで、借地借家法は、借地権の登記に代えて、借地人が借地上の建物を登記しているときは、借地権の対抗要件を認めるものとしています（借地借家法10）。

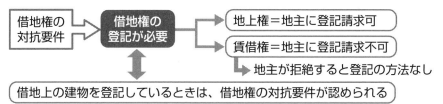

2　借地権の対抗要件と建物の登記

⑴　表示登記でも対抗力が認められる

　借地権の対抗要件が認められる建物の登記ですが、借地人が建物について自己の権利に関する保存登記をしていなくとも、借地人が借地上に自己名義の表示の登記のある建物を所有していれば対抗要件は認められるものと解されています（最高裁昭和50年2月13日）。

⑵　借地の名義人と建物の名義人の同一性

　借地上の建物の名義人は誰でもよいわけではありません。たとえ同居の親族の名義であっても、借地権の名義人と建物名義人が異なる場合には対抗力は認められません。最高裁の判例では、「土地賃借人は、自己と氏を同じくし、かつ、同居する未成年の長男名義で保存登記をした建物を借地上に所有していても、土地の新取得者に対し、借地権を対抗できない」（最高裁昭和41年4月27日判決）と判断しているからです。

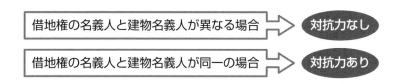

10 地代が固定資産税よりも安い場合の対応

Question

　戦前の、私の祖父の時代から土地を貸しています。この間、値上げもしてこなかったので、最近調べてみたら、借地人から受け取っている地代の額は、この土地の固定資産税額よりも安くなっていました。どうすればよいのでしょうか。

Answer

POINT

① 地代とは、土地を使用収益させることに対する対価をいう。

② 土地の固定資産税額より低いものは「対価」とはいえない。

③ 貸地が負担付使用貸借に転化したものとみられる場合もある。

④ 一般的には固定資産税額の2～3倍相当額が地代としては多い。

解説

1　貸地契約における地代

　貸地契約において地代とは、借地人に土地を使用収益させることに対する「対価」を意味します。「対価」ということは、借地人から受け取る金額が、土地の使用収益に対応する経済的価値を有していることが必要です。

　したがって、建物所有の目的で土地を使用収益させている者から金銭を受け取っている場合のすべてが賃貸借や地上権となるわけではありません。借主側の負担が、経済的にみて使用収益に対する対価的意義を持たない程度のものは、「対価」とは扱われません。

　例えば、借主が、貸主に対し、借用物の固定資産税相当額を支払っているという場合は、対価ではなく、無償の使用貸借であり、固定資産税相当額を支払っていることは、対価である賃料の支払ではなく、対価とはいえ

ない「負担」に過ぎないので、固定資産税相当額のみを支払って物を借りている場合は、賃貸借ではなく、負担付使用貸借に過ぎないとするのが最高裁の判例です（最高裁昭和41年10月27日判決）。

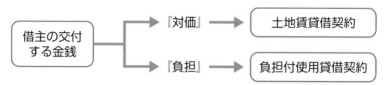

したがって、土地を使用収益させる契約を締結した当初から、土地の固定資産税相当額のみを支払うとの契約は、土地賃貸借契約ではなく、土地の負担付使用貸借契約に過ぎません。当然ながら、借地権とは、地上権か土地賃借権のみですから、使用貸借であれば借地権とはなり得ないものです。このため負担付使用貸借契約の期間の満了で土地を明け渡してもらう際には、立退料は不要です。

2　契約途中から支払地代が固定資産税額を下回った場合
⑴　賃貸借から負担付使用貸借契約への転化の有無
　契約の当初から支払額が固定資産税額を下回っているものは負担付使用貸借ですが、当初は土地賃貸借として固定資産税の2～3倍相当額の賃料が支払われていたのに、その後の地代の改定をしなかったために、現行の支払額が固定資産税額を下回っている場合に、賃貸借から使用貸借契約に転化したのではないかとして裁判で争われるケースがあります。固定資産税額を下回るようになってから何年を経過しているのかや、固定資産税を下回っていることを借地権者側が認識していたのか等、個別の事情によりケースバイケースで判断は異なってきます。
⑵　地代の増額請求権の行使
　負担付使用貸借契約への転化が認められない場合でも、地代の名に値しない額しか支払われていないのですから、借地借家法第11条に基づく地代の増額請求権を行使することになります。一般的には適正地代は固定資産税額の2～3倍が目安となります。

借地人の死亡と貸地契約

土地を賃貸している借地人は現在では妻を亡くして、借地上の建物に独り暮らしをしていましたが、先週、借地人の長男という方から、借地人が亡くなったとの連絡がありました。貸地契約は終了することになるのでしょうか。

Answer

 POINT
① 借地権には相続性があるので借地人が死亡しても終了しない。
② 相続人が借地権を相続するか否かを確認する必要がある。
③ 相続人が借地権を相続する場合は、その者に地代を請求する。
④ 相続人が借地権を相続しない場合は相続人に建物の収去を求める。

解説

1　借地権の相続性

　貸地契約を締結した借地人が死亡した場合、妻や長男等の親族が同居していた場合には、当然、その同居の親族のうちの誰かが借地契約を引き継いでいくのではないかと考えられます。しかし、借地上の建物に1人で居住していた借地人が死亡した場合、貸地契約は終了すると考えることができるかどうかですが、借地権には相続性が認められています。

　したがって、借地上の建物に住んでいるのが亡くなった借地人だけであったとしても、借地権は終了しないのです。このため、借地人が死亡した場合には、法的には、その時点で、借地人の相続人が借地権を相続していることになります。

　誤解しやすいのは、借地人とその親族が一緒に居住していたとしても、法的には借地人の法定相続人に該当する人だけが借地権を相続しているということです。例えば、被相続人である借地人とその姉が同居していた場合、借地人が死亡した場合には、借地権について相続権を有しているのは原則として借地人の配偶者とその血族（相続の順位は、第1順位が子、第2順位が直系尊属、第3順位が兄弟姉妹）ですので、借地人に子がいる場合には同居の姉は、原則として、相続人とはなりません。

　したがって、借地人と同居していた姉とも話し合うことはもちろんですが、法的には、借地人の法定相続人と貸地契約の帰趨について協議することが一番大切なこととなります。その意味において、同居の親族が借地権についての権利を有しているとは限らないことに留意してください。

　したがって、借地人が死亡した場合には、貸主としては、法定相続人が誰かを確認する必要があるのです。

2　相続人の確認

　相続人が誰であるかの確認は、亡くなった借地人の戸籍を調査して確認します。借地人が生まれてから以降、子のできる可能性がある時期についての戸籍はすべて確認しますので、改製原戸籍等を取り寄せて相続人の確定作業を行います。相続人が判明すると、住民票により各相続人の現在の住所を確認し、各相続人の連絡先を把握します。この手続は、弁護士や司法書士等の専門家に依頼すれば、代行して行ってくれます。

　相続人が判明したら、相続人が借地権を実際に承継する意向があるのか否かを確認することになります。

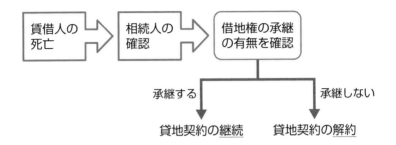

3　相続人が貸地契約を継続する場合

　相続人から借地権を承継したいとの意向が伝えられた場合には、相続人のうちの誰が借地権を相続することに決定したのかを確認する必要があります。この確認は、遺産分割協議書の提示を受けて、誰が借地権を相続したと分割協議書に記載されているかを確認するのが本来のやり方です。

　相続人によっては、他の遺産もあるので遺産分割協議書は見せられないといわれることもあり得ます。その場合でも、相続人から、誰が借地権を相続したかの通知をもらうことが好ましいといえます。借地権の相続の場合は、借地上の建物の登記名義が、借地権を相続する相続人の名義に移転しますので、借地権の相続人が誰であるかを事実上推認することが可能です。

　借地権を相続した者の確認が出来た後は、その相続人に借地人死亡時からの地代（死亡前に未払地代があった場合はそれも含めた金額）の支払を受けて契約の名義を書き換えるのが通常です。なお、相続による名義の書換えの場合には、借地権の「譲渡」には該当しませんので、名義書換料は発生しないものとされています。

4　相続人が貸地契約を継続しない場合

　相続人が貸地契約を継続しない場合には、貸地契約を解約することになりますので、未払地代の精算と借地上の建物の処理を行う必要があります。

(1)　未払地代等の処理

　借地契約を解約する場合であっても、借地人が死亡してから解約するまでの間の地代（死亡前に未払地代があった場合はそれも含めた金額）は、相続人に支払義務がありますので、相続人にそれまでの未払地代額を含めた賃料額を請求することになります。

　法的には、死亡前の未払地代額は、相続人が各自の法定相続分の割合にしたがって分割で支払い、死亡後の地代については相続人全員が連帯して支払う義務を負います。

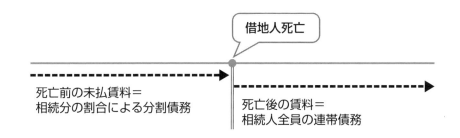

(2) 借地上建物の処理

　相続人が実質的に借地権を承継しないといっても、法的には借地権は相続人により相続されており、相続人が実際には貸地契約を継続する意思がないので貸地契約を解約したいというだけのことです。

　したがって、借地契約の解約に伴い、貸主は、借地人の相続人に対して建物を取り壊して更地で明け渡すよう請求することができます。実質的には借地権を承継しないといっても、相続により借地上の建物は、その所有権は相続人が相続していますので、借地上の建物を解体撤去するのは相続人の義務となります。貸主は、借地権を実質的には承継しない相続人であっても、借地上の建物の解体撤去を相続人の費用負担で行うことを要求することができます。

　実際には、貸主としては、相続人に貸地契約を承継されて貸地契約を継続するよりも、土地を更地にして明け渡してもらったほうが、今後の土地の有効活用の観点からありがたいと考える場合には、建物解体費用は貸主の側で負担するので、貸地契約を合意解約したいという場合も少なくありません。

(3) 立退料の要否

　問題となるのは、相続人から借地権を放棄するので立退料を支払ってほしいと主張される場合です。借地権の相続人の主張は、「借地権を有する者が借地を明け渡す場合には、地主にとっては、底地が更地となり経済的にも多大な利益をもたらすことになる。このように地主側に利益を与える行為を行うのであるから、立退料を支払ってほしい」というものです。

　確かに、経済的に見れば、貸地契約の解約により地主側が経済的に利益となる場合があるのは否定できないものと思います。しかし、立退料の法的性格から考えてみると、立退料は、貸主が、貸主側の事情で借地人に対して明渡しを請求する場合に、借地借家法に定める正当事由が認められなければ、明渡請求をすることができないため、立退料を支払って借家人から立退きの同意を得るということが行われているという事実上の実務慣行に過ぎません。

　相続人の側が退去したいと申し出る場合は、相続人による貸地契約の解

約申入れですから、本来は、貸地契約にしたがい、解約申入れの予告期間
（通常は6か月～1年程度）を設けて解約すべきですので、相続人は解約予
告期間の地代額についても支払ったうえで解約できるだけのことです。

　貸主としては、立退料を支払うくらいであれば、相続人にそのまま地代
を支払ってほしい旨を伝えればすむことです。法的には、立退料は発生し
ないと考えてよいと思われます。

12 借地人死亡後に 相続人の所在が不明の場合

Question

　土地を貸していた相手（借地人）が亡くなったことが先日分かりました。借地人の相続人との間で新たな賃貸借契約を締結したいのですが、相続人の所在が不明です。どうすればよいでしょうか。

Answer

POINT

　借地人が死亡した場合には、遺言がない限り、死亡した借地人の相続人全員が法定相続分の割合で借地権を相続する。相続人のなかで所在不明の方がいる場合は、住民票やその除票、戸籍の附票などにより相続人を探索し発見して借地の相続処理を行う必要がある。

解説

1　借地権の相続性

　借地権は相続性があるので、借地人が死亡しても賃貸借契約が終了するわけではありません。仮に、亡借地人と同居していた相続人がいたとしても、同居していた相続人だけではなく、死亡した借地人の相続人全員が法定相続分の割合で借地権を相続します。ただし、遺言書があれば遺言書の記載に従って借地権の相続人が決まります。地主側が、借地人との間で新たな賃貸借契約を締結したい、あるいは地代の増額請求や、借地権の買取りをしたいなどと考える場合、亡くなった借地人の相続人に対して、その旨の通知や交渉が必要となりますが、そのようなときに、相続人が所在不明の場合には、どうすればよいのでしょうか。

2　借地人の相続人の所在が不明の場合

　まずは、所在が不明の相続人の現在の居場所を探索しなければなりません。住民票やその除票あるいは戸籍の附票などを市区町村に請求して、相続人の現在の居住地を確認することが必要です。八方手を尽くしても相続人の所在が判明しない場合には、家庭裁判所に不在者の財産管理人の選任（民法25）を申し立て、不在者財産管理人との間で借地契約の処理を行います。なお、相続財産管理人は相続人の存否が明らかな場合に選任されるもので、所在不明の場合には選任を申し立てることができません。また、不在者の生死が7年間明らかでないときは失踪宣告（民法30）を申し立てることも可能です。

3　相続税申告

　借地人の相続人の所在が不明だからといって相続税申告の期限が伸びるわけではありません。不在者財産管理人が相続税の申告書を提出することになります。

　なお、所有者に相続が発生したわけではないので地主側の相続税申告は当然に不要です。

4　賃貸人側の対応

　このように、借地人が死亡した場合に、借地人の相続人を確定するには相当な時間と手間を要する場合があり得ますので、賃貸人としては、日頃から賃借人と良好な関係を築くように努力し、万一の場合の相続人の連絡先を聞いておくことや、借地人が相当の高齢である場合には、可能であれば、借地の相続人を遺言で決めておくことなどを依頼できる関係にしておくことが有益であるといえると思います。

13 貸主に相続が発生した場合

Question

　複数の土地を借地人に貸地していた父が亡くなりました。今後は相続人相互間や、借地人との間で、どのような手続を取ればよいのでしょうか。また、遺産分割協議がまとまるまでの間、地代は誰がどのように請求すればよいのでしょうか。

Answer

POINT
①　遺産分割協議で賃貸土地を相続する者を全員一致で決定する。
②　賃貸土地を相続した者が、賃貸人の地位を承継する。
③　遺産分割協議の後は賃貸土地を相続した者が地代を取得する。
④　遺産分割協議成立前は相続人が各自の相続分で地代を取得する。

解説

1　貸地契約の賃貸人の地位の承継

　貸主が死亡した場合に、賃貸借契約における賃貸人としての地位は、遺産分割協議でわざわざ定める必要はありません。賃貸人の地位とは、借地人に土地を使用収益させることを内容とするものですので、基本的には賃貸土地を相続により取得する者が貸地契約の賃貸人たる地位も承継することになります。賃貸土地を第三者に譲渡した場合にも、底地の買主は当然に貸地契約を承継することになりますが、考え方は全く一緒です。

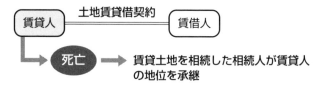

　したがって、遺産分割協議において、あえて貸地契約における賃貸人としての地位を誰が承継するかを決定しなくとも、賃貸土地を相続する者が誰かを遺産分割協議で決定すれば、それだけで賃貸人の地位の承継人も自動的に決まることになるのです。

　遺産分割協議の方法としては、１人の相続人が賃貸土地を単独で相続するやり方と、複数の相続人が賃貸土地を共有持分をもって相続するやり方とがあります。いずれにしても、賃貸土地の遺産分割協議は、相続人の全員一致で決定することが必要です。遺産分割協議は相続人の多数決で決定することはできませんので、必ず全員一致で決定してください。

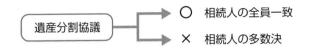

2　地代債権の相続

⑴　遺産分割協議成立後の地代の請求権者

　遺産分割協議により、賃貸土地を相続する者が決まれば、その時点以降、賃貸土地を相続した相続人が単独で借地人に対して地代を請求することになります。賃貸人の地位を承継したのは、その相続人だけとなるからです。

　ただし、問題となるのは、相続開始後遺産分割協議成立までの間の未分割状態のもとでの地代の権利が誰にあるのかということです。

⑵　遺産分割協議が成立するまでの間の地代の請求

　相続開始後、遺産分割協議が成立するまでの間、賃貸土地の所有権は未だ特定の相続人に確定的に帰属しているわけではありません。

　民法は、相続開始後の相続財産の権利関係については、「相続人が数人あるときは、相続財産は、その共有に属する」（民法898）と定めています。この規定からすると、賃貸土地は未分割の間は、相続人の共有財産となります。

　共有とは、財産権の所有形態の１つで、「共同で所有する」という意味です。共同所有の割合は、民法の定める相続人の相続分の割合とされています。

　相続における法定相続分の割合は、次のとおりです。

① 配偶者と子が相続人の場合	配偶者	$\frac{1}{2}$	
	子	$\frac{1}{2}$	（子の相互は均一）
② 配偶者と直系尊属が相続人の場合	配偶者	$\frac{2}{3}$	
	直系尊属	$\frac{1}{3}$	
③ 配偶者と被相続人の兄弟姉妹が相続人の場合	配偶者	$\frac{3}{4}$	
	兄弟姉妹	$\frac{1}{4}$	（兄弟姉妹間は均一。ただし父母の一方のみを同じくする兄弟姉妹の相続分は父母の双方を同じくする兄弟姉妹の相続分のさらに$\frac{1}{2}$）

　この段階では、将来誰が賃貸土地を相続するかは未だ決定していないのですから、借地人に対する地代請求権は実務上は、相続人の代表者として賃料を請求する手続を行う者を決定し、その相続人代表者が、「被相続人○○○○相続人代表者○○○○」とする相続人代表としての預金口座を作り、借地人に対して地代を請求して同口座に入金させるという方法が多くとられています。

(3)　遺産分割協議成立までの間の地代債権の帰属

　民法は、遺産分割の効力について、「遺産の分割は、相続開始の時にさかのぼってその効力を生ずる」（民法909）と定めています。

　つまり、遺産分割協議により、賃貸土地を相続した者は、被相続人である貸主が死亡したときから賃貸土地を相続したものと扱われるということです。この遺産分割の効力の規定から、賃貸土地を相続することが決まった相続人は、被相続人の死亡のときから賃貸土地の所有者であったことになりますので、賃料もその相続人が相続開始時にさかのぼって単独で請求できるのではないかとの考え方もあり得るところです。遺産分割の協議の際に、そのような取扱いを相続人全員一致で合意したとすれば、その効力を否定されることはないと思われます。

　しかし、最高裁は、相続財産である賃貸土地そのものと、土地の地代債権とは別個の財産であるとの判断を示しています。すなわち、賃貸土地について特定の相続人が相続し、その効果が相続開始時にさかのぼるとして

も、地代債権の取得は別のものだと考えているのです。この考え方に従い、最高裁は、相続開始から遺産分割協議が成立するまでの間（賃貸土地が未分割の状態にある間）は、賃貸土地は各相続人が法定相続分の割合で共有しているのであって、土地を使用収益させたことにより得られる成果である地代債権は金銭債権なのだから可分（分けることができるという意味）であり、この間の地代については各相続人が各自の法定相続分により確定的に取得するとの判断を示しています。

　遺産分割（特定の相続人が賃貸土地を相続し所有権を取得したこと）の効果が相続開始時にさかのぼるとする民法の規定は、所有権に空白を作らないという意味で規定されたもので、地代債権については、賃貸土地が未分割の状態で、各相続人が相続分の割合に従い、共有していた時期の地代なのだから、別個に考えるのは当然だという考え方なのです。

　したがって、相続人間で、特定の相続人が地代債権を取得する旨の分割協議が成立しない限りは、借地人から支払われた賃貸土地に対する未分割の時期の地代については、相続人各自が相続分に従って取得することとなります。

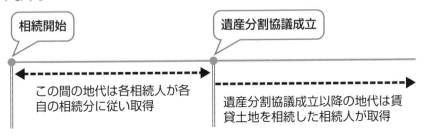

貸宅地の相続税評価と問題点

Question

　貸宅地は地代とは無関係に、相続税評価上、地域に応じた借地権割合を控除されます。昔からの貸宅地で地代が安いのですが、どんな問題点があるでしょうか。

Answer

POINT

① 借地権割合は路線価図により路線ごとに決められている。
② 長年の貸宅地の地代率は通常地代より低いことがある。
③ 地代では相続税を延納できないことも考えられる。

解説

1　貸宅地の相続税評価額

　貸宅地の相続税評価額は自用地としての評価額から借地権の価額を控除して計算します。貸宅地の借地権割合は国税庁により決められており、路線価図で公表されています。都心部の商業地のような地価の高い地域ほど借地権割合は高く、郊外部の地価の低い地域ほど借地権割合が低いのが一般的です。

　一般的な住居地域ではおおむね借地権割合が60％〜50％となっており、残りの40％〜50％が地主の権利（底地）となっています。これから宅地を購入しようと考えている人は自分がその宅地を活用したいのであって、既に家屋が立てられ人が住んでいる宅地を買いたいと思う人は少数でしょう。したがって、地主がその宅地を売ろうとしても、なかなか相続税評価額で売却することができないのです。

2　税法上の地代と実際の地代

　税務上、地代には相当地代と通常地代があり、相当地代は相続税評価額の6％と高額ですが、税務上の通常地代は底地評価の6％とされています。したがって、借地権の割合が60％の地域では、（1－60％）×6％＝2.4％とされています。しかし、昔からの貸地は、地代を値上げしていないこともあり、相続税評価額の1％前後の地代しかもらっていないことも多々あります。固定資産税額の2～3倍が相場などというケースもあり、税法上の想定地代と実際の地代とはかい離が生じているのです。

　例えば、具体的な数字で相続税評価額（公示価格の80％と仮定して）2,000万円の自用地評価で借地権割合が60％の地域の場合、貸地の相続税評価は800万円となります。この宅地について、固定資産税評価額（公示価格の70％と仮定して）を1,750万円、住宅用地の軽減措置を受けるものとし、固定資産税と都市計画税の合計額が年額6万円だったとします。固定資産税等の2～3倍相当額を地代でもらっていたとすると、地代は年額約15万円となります。通常地代ならば年額地代は48万円となるのですが、実際地代の地代率は相続税評価額の0.75％と1％にも満たない低い地代率となっています。これが古くからの貸宅地の相続税法上の大きな問題点なのです。

3　地代で延納できるのか

　地主に対しては、さらに地代収入から固定資産税等を控除した不動産所得に所得税と住民税が課税されます。所得税等の実効税率を20％としますと、通常地代の場合では手取金額（地代－固定資産税等－所得税等）が約33万円、実際地代の場合には手取金額は約7万円となります。

　相続税の実効税率を25％とするとこの貸宅地に対する相続税は800万円×25％＝200万円となります。通常地代により分割払いしますと、200万円÷33万円＝約6年となり、相続税の延納期間内で納税することができます。しかし、実際地代により分割払いしますと、200万円÷7万円＝約29年となり、最長期間20年を選択したとしても延納では払いきることはできません。相続税課税強化の現在においては、相続税が現実の地代では払えないという問題をしっかり認識することは大事なことです。

貸宅地の物納は要件整備が前提

Question

　相続財産の大部分が先祖から引き継いだ貸宅地ですので、相続税の納税資金がありません。貸宅地を物納したいのですが可能でしょうか。

Answer

POINT

①　物納要件は金銭納付、延納ができない場合に限られる。

②　不動産も物納できるが、管理処分不適格財産は物納できない。

③　やむをえない場合は物納劣後財産であっても物納できる。

④　貸宅地は相続前に要件整備しておけば物納できる。

解説

1　物納要件

　相続税を一時に金銭で納付できず、さらに延納によっても金銭で納付することが困難な場合において、金銭での納付が困難である金額の範囲内であれば、物納申請により所轄税務署長の許可を受けた場合には、一定の要件を満たした物納可能財産により相続税を物納することができます。

　物納可能な財産とは相続等により取得した次の財産で、物納に充てることのできる順位は番号の順に決まっています。

第1順位	①　不動産・船舶・国債・地方債・上場株式・上場投資信託等 ②　不動産等のうち物納劣後財産に該当するもの
第2順位	③　非上場株式等（上場されていない社債・株式・証券投資信託等） ④　非上場株式等のうち物納劣後財産に該当するもの
第3順位	⑤　動産

2　物納不適格財産（管理処分不適格財産）

　ただし、管理や処分をすることができない財産については物納に充てることができません。例えば、①抵当権等担保権の設定の登記がされている不動産、②権利の帰属について争いがある不動産、③境界が明らかでない土地、④訴訟によらなければ通常の使用ができないと見込まれる不動産、⑤公道に通じない土地で通行権の内容が明確でないもの、⑥借地権を有する者が不明である等の貸地、⑦耐用年数を経過している建物、⑧敷金等の返還義務のある不動産、⑨管理や処分に要する費用が過大と見込まれる不動産、⑩引渡しに必要とされている行為がされていない不動産等は、管理処分不適格財産となりますので物納することができません。

3　物納劣後財産

　他に適当な価額の物納可能な財産がない場合に限って、物納劣後財産を物納に充てることができます。例えば、①地上権や小作権等が設定されている土地、②違法建築された建物及びその敷地、③納税義務者の居住用又は事業用の建物及びその敷地、④道路に2m以上接していない土地、⑤市街化区域以外の区域にある土地、⑥建物の建築をすることができない土地等です。

4　貸宅地を物納する場合の注意点

　前述したように、貸宅地の物納要件は非常に厳しく、相続が発生してから慌てて物納要件を充足しようとしても、申告期限まで10か月しかありませんので、間に合わないケースが多いと思われます。したがって、金銭が少なく延納も不可能と思われる相続人は、相続が起こる前に物納要件を満たすように事前準備しておくことが必要です。

　例えば、①抵当権を他の不動産に移し替える、②不動産の権利帰属の争いを終結しておく、③土地の境界を確定しておく、④無道路地に2m以上の道路付けをする、⑤借地権者を確定しておく等の対策を急いで実施しておくことです。また、建築できないような物納劣後財産に該当する土地等をどうしても物納したいときには、財産分けに工夫をしてその財産の物納以外に納税の方法がないような遺産分割を行うことも1つの方法でしょう。

16 借地権の売買と底地の売買

Question

　現在、土地を貸している借地人から、今般、借地権を第三者に売却したいと考えていますが、できれば地主の私と一緒に借地と底地を売却しないかとの申入れがなされました。そのほうが高く売れるという理由だそうですが、借地権と底地の売買の実際はどのようなものなのでしょうか。

Answer

POINT

① 借地権の売買価格はその土地の借地権割合による。

② 地主が借地権を買い取る場合は借地権割合そのままではない。

③ 底地のみの売買の際の売却価格は相当に低廉となる。

④ 底地と借地権とを一緒に売却したほうが売却金額は高額となる。

解説

1　借地権の売買価格

　借地権は独立して売買の対象となります。借地権は借地借家法の適用があり、正当事由が認められない限りは半永久的に使用収益が継続できるため価値が高く、借地権の設定には通常は権利金が必要とされていますので既に設定済みの借地権も高額で取引される対象となっているのです。

　それでは、借地権はどの程度の価格で売買されるのかということですが当然のことながら、借地権の価値は隣地条件によって異なります。そこで借地権の価格は、賃貸土地の更地価格に対する割合で把握することができます。借地権の更地価格割合を公的に示している指標としては、税務上は路線価図において、借地権に対する課税のための借地権割合が記されています。路線価図には各土地の路線価が㎡当たりの単価で示されていますが、

188

その脇にアルファベットでＡ・Ｂ・Ｃ・Ｄ・Ｅ……との表示がなされています。これが借地権割合を示しているもので、Ａだと借地権割合は９割、Ｂは８割、Ｃは７割とされています（次表）。なお、一般的な住宅地ではＤの６割かＥの５割が多いと思われます。

記号	借地権割合
A	90%
B	80%
C	70%
D	60%
E	50%
F	40%
G	30%

　実際の借地権の売買価格は、路線価に表示された割合どおりになるわけではありません。例えばＤの地域で更地価格が5,000万円の土地の借地権がその６割の3,000万円で売買できるという保証があるわけではなく、一応の目安ということに過ぎません。一般に、借地権割合の高い地域はそれだけ高く売買されることは間違いないようです。

2　地主による借地権の買取価格

　以上は借地人が借地権を地主以外の第三者に売却する場合です。これに対して、地主が借地人から借地権を買い取る場合があります。この場合には、路線価に示される借地権割合どおりには売買価格が決められていない場合が多いのです。なぜなら、借地人が第三者に借地権を譲渡する場合には地主の承諾が必要ですが、承諾を得るには地主に対して譲渡承諾料として借地権価格の10％前後の金銭が支払われます。これだけを見ても、地主が借地権を買い取る場合には、借地権割合から借地権の譲渡承諾料相当額は差し引かれることになります。

　また、借地権の買取り希望者が地主以外にも存在する場合と、地主以外には借地権の買取りを希望する者が全くいない場合とでも、借地権の売買

価格は異なってきます。

地主が借地権を買い取る場合には、路線価の借地権割合を一応の基準としつつも、こうした種々の事情により左右されることは銘記しておく必要があります。

3　底地の売買価格

これまで借地権の売買価格について説明してきましたが、例えばＤ地域で借地権の評価が６割ということは、税務上は底地の評価額は４割ということです。それでは、Ｄ地域では底地は４割の評価を基準として売買価格が決定されるのかというと、底地価格は路線価の評価とは全く無縁に売買価格が決定されることになります。

なぜなら、借地権を設定した底地は、借地借家法により、正当事由制度と法定更新制度が適用されます。正当事由が認められない限り、貸地契約は終了しませんので、底地の所有権を売買したといっても、買主は購入した土地を使用収益できるわけではありません。借地権が存在する限りは、地代を受領できる権利でしかないことになります。月々数千円ないしは数万円を受領できる権利に、それほど高額の値段がつかないことはわかっていただけるものと思います。要するに、税務上の評価では、借地権（６割）と底地（４割）とを足して１になります。しかし、実際の取引実務では、理論的な問題よりも、取引の対象となるものが経済的にどれだけの価値を有しているかにより決まります。底地の所有権といえども、今後相当の期間は正当事由が認められる可能性がなく、月々の地代の収受を内容とする権利に止まるものであるとすると、その収益を基準にした価格でしか取引されることはあり得ないことになります。

4　借地権を設定した土地の売買

土地所有者が借地権を設定している場合に、底地のみを売却するということは、それほど高額では売却できません。

同時に、借地人の側も借地権のみを売却する場合には思ったほどの価格では売れないことになります。なぜなら、例えば更地価格が１億円という

ことは、その土地の所有権全部が手に入って1億円ということです。つまり、借地権と底地とがセットで一つになったときの価格が1億円なのです。これに対し、借地権や底地を別々に売却するということは、いわば「バラ売り」です。コーヒーカップを例にとれば、カップのみとか、ソーサーのみを売りに出すと、カップとソーサーを一緒に売るより値段が低くなることからも、わかっていただけると思います。底地のみを売却するのであれば、借地人と合意のうえ、借地権と底地を一緒に売却するほうがはるかに高額で売却できることになります。

17 立退料の支払は借地権の買戻しとされる

Question

建物の買取り、立退料の支払により借地人が退去してくれることになりました。これらの支払の税務上の取扱いはどのようになっているのでしょうか。

Answer

POINT

① 立退料の授受がなく返還されても、双方個人の場合課税なし。
② 貸地の立退料は借地権の買戻しとされ必要経費にならない。
③ 建物を買取り貸家に供した場合には減価償却の対象となる。

解説

1 借地人からの返還の場合の課税関係

　借地人からの土地の返還の場合には、一般的には家屋を取り壊し、更地にして返還することになります。この場合には地主が立ち退いてくれと要求したわけではないので立退料は支払われないでしょう。地主と借地人が双方とも個人の場合、このように立退料の授受がなく立退きがされても課税関係は生じず、借地権の無償返還があっても、認定課税されません。

　しかし、会社が地主である場合、個人である借地人が借地の返還時に立退料を受け取らない場合は課税上の問題が生じるおそれがあります。賃貸借の事実により借地権があるとされ、その借地権が無償で地主である会社に移転されたとして、時価により譲渡したとみなされ、借地人である個人に課税される可能性があるのです。同族関係においては恣意的な取引も考えられますが、地主と第三者である借地人の双方が納得している借地の無償返還なのに税法がそれを認めないのは、却って土地の流通を妨げるのではないでしょうか。

　ただし、①無償返還の契約によるものであること、②駐車場等の更地又は簡易な建物の敷地として使用していたものであること、③建物が老朽化し借地権の存続が困難になったこと等、これらの理由に基づく借地の返還については、譲渡所得税が課税されませんので安心してください。

2　立退料は借地権の取得

　地主と借地人の話し合いにより、借地人が退去に応じてくれることになりました。条件としては建物の取壊しは地主負担、かつ、立退料を支払うということで双方が真剣に話し合い、ようやくまとまりました。

　地主側は貸してきた土地が戻ってきただけですから、出したお金は、すべて不動産所得の金額の計算上必要経費になると思っています。たしかに、借家の場合には立退料や取壊費用は譲渡のためのものでない限り、支払った年において不動産所得の必要経費となります（第2章⓮参照）。ところが、借地の立退料については必要経費とはならず、地主が借地権を買い戻したことになり土地の取得価額に加算することになります。また、本来、借地人が負担すべき取壊費用を地主が負担した場合、借地権を買い戻すために要した費用として土地の取得価額に加算することになります。地主には納得しがたい税務上の取扱いといえます。

3　建物を買い取り、貸家に供する

　借地人の退去により建物を買い取ることになった場合、すぐに取り壊せば2で説明した取扱いと同様、その購入価額も借地権の買戻価額とみなされます。（立退料＋建物買取金額＋取壊費用）等の必要経費にならない支出が増えるばかりですので、建物が使用可能で当分取り壊す予定もない場合には、賃貸するとよいでしょう。そうすると、立退料は借地権の買戻しとされ、建物の買取金額は事業用資産の取得となり減価償却の対象となります。何年か賃貸した後、結果として取り壊したとしても、賃貸物件を取り壊したのですから、取壊費用は必要経費となります。税務上有利になりますが、老朽家屋の場合、退去で、もめないように第1章⓬・⓭で説明した期限の定めのある定期借家契約で貸すことをお勧めします。

18 貸宅地を譲渡した場合の税金の取扱い

Question

　土地の貸付にあたって権利金をもらって賃貸している貸宅地を借地人に売却しようか、それとも、退去してもらってから売却しようかと考えています。この度の売却に対する税金はどのように計算されるのでしょうか。

Answer

POINT

① 　更地の2分の1以上の権利金は譲渡所得になる。
② 　権利金をもらっている場合は底地の譲渡になる。
③ 　立退き後の譲渡は立退料も取得費となる。

解説

1 　権利金を取得したときの税金

　遊休地を賃貸するにあたって権利金を受け取った場合、その権利金の金額が土地の更地価額の2分の1を超えない限り、不動産所得となります。しかし、借地権等の設定の対価として受ける金額がその土地の更地価額の2分の1を超えている場合には、その対価の額は譲渡所得の収入金額となります。譲渡所得の計算上、取得費は次のように計算されます。

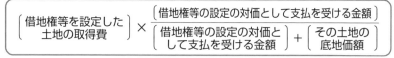

$$\left[\begin{array}{c}\text{借地権等を設定した}\\\text{土地の取得費}\end{array}\right] \times \dfrac{\left[\text{借地権等の設定の対価として支払を受ける金額}\right]}{\left[\begin{array}{c}\text{借地権等の設定の対価と}\\\text{して支払を受ける金額}\end{array}\right] + \left[\begin{array}{c}\text{その土地の}\\\text{底地価額}\end{array}\right]}$$

　土地の賃貸にあたり、更地価額の2分の1超の権利金をもらっている場合は、権利金の額から上記の計算式により算出した取得費を控除して譲渡所得金額を計算し課税されます。なお、土地の譲渡所得の計算については第2章⑯で詳しく説明していますので、参照してください。

2　権利金を受け取った底地を譲渡した場合の税金

　土地の賃貸にあたって既に権利金を受け取っており、その権利金について譲渡所得課税が行われている貸宅地を譲渡した場合には、その土地の借地権部分については既に譲渡されているものとみなされます。したがって、今回は残っている底地に相当する部分を譲渡するものとされます。第三者に売却しても、借地人に売却しても課税上の取扱いは同様です。

　この場合、底地の譲渡に係る譲渡所得の金額の計算上、取得費はその土地の取得費の合計額から、1の計算式により権利金等に係る譲渡所得金額の計算上控除された取得費に相当する金額を差し引いた残りの金額によることになります。

$$\left[\begin{array}{c}\text{譲渡した}\\\text{土地の取得費}\end{array}\right] - \left[\begin{array}{c}\text{借地権等の設定に係る譲渡所得の}\\\text{金額の計算上控除された取得費}\end{array}\right]$$

　譲渡対価からこの算式により計算した取得費を控除して譲渡所得金額を算出し課税されます。

3　退去してもらってから譲渡した場合の税金

　賃貸していた土地を、その借地人に立退料を支払って賃貸借契約を解除して更地にし、直ちにその土地を譲渡した場合には、対価を支払っていったん借地権を買い戻したうえで新たに譲渡したことになるので、借地権買取直前の旧借地権部分と旧底地部分について、それぞれを譲渡したものとして取り扱われます。借地権等の設定されている土地の所有者が、対価を支払ってその借地権を買い取った直後に、その土地を譲渡した場合の取得費は次の①と②の合計となります。

① 旧借地権部分	旧借地権等の消滅につき支払った対価の額	
② 旧底地部分	譲渡した土地の取得費 　－	先に設定した借地等につき取得費とされた金額

　譲渡による収入金額からこれらの計算式により計算した取得費を控除して譲渡所得金額が計算され、課税されます。

⑲ 貸宅地や老朽貸家を譲渡し立退料に充てる

Question

貸宅地や老朽貸家の譲渡代金を事業用資産の取得に充て、買換特例を受けるつもりです。買換資産には借地権の取得も含まれるそうですが、借地人に立退料を支払って借地権の返還を受けた場合も該当しますか。

Answer

POINT

① 貸地や老朽貸家を譲渡し事業用資産の買換特例を適用する。
② 借地人に対する立退料は買換資産の対象となる。
③ 受取り立退料は事業用資産の譲渡収入とされ特例が適用できる。

解説

1 特定の事業用資産の買換えの特例を利用する

思い切って立退料を払って借地問題を解決したいと考えても、ある程度の資金が必要でなかなか実行できません。ただ、多数の貸宅地や貸家を所有されている地主の場合、借家人や借地人もさまざまで、そこで生活したい人もいれば、引越費用等一定額があれば移転してもよいと考える人もいるでしょう。そこで、売却や立退き・買取り等を組み合わせて一帯の土地の権利整理をすることにより、資金問題を解決する方法もあるでしょう。この場合のネックは譲渡に対する税金ですが、この税金問題を解決するためには「特定の事業用資産の買換えの特例」を上手に活用するとよいでしょう。

「特定の事業用資産の買換えの特例」とは、10年超所有している国内にある事業用の土地、建物等を令和5年3月31日までに譲渡し、国内にある事業用の土地、建物等を譲渡の年の前年から翌年までの間に取得し、1年以

196

内に事業の用に供した場合には、原則として譲渡収入金額（買換資産の取得金額の範囲内に限られます）の20％だけに課税するというものです（第2章⑰参照）。地方から都心部等への買換えの場合には、買換地域により利益圧縮率が70％又は75％へと引き下げられます。

2　借地人への立退料は買換資産の対象

　土地を他人に使用させていた地主が、借地人を立ち退かせるために、すなわち、貸地の返還を受けるために立退料等を支払った場合には、土地の取得があったものとし、その支払った金額（その金額のうちに当該借地人から取得した建物、構築物の対価に相当する金額があるときは、当該金額を除きます）は、借地権を買い戻したとされ土地の取得価額となります。

　したがって、事業用資産の譲渡代金を立退料に充当した場合は、「特定の事業用資産の買換えの特例」の適用対象となります。ただし、買換資産が土地等である場合には特定施設の敷地の用に供される300㎡以上の土地等に限定されていますので、小規模な借地権の立退料は対象となりません。

3　借地権を返還した場合の買換特例の適用

　借地権を土地の所有者に返還し、その土地の所有者から立退料等の支払を受けた場合には、支払を受けた金額のうち借地権の価額に相当する金額については、借地人が借地権を譲渡したものとして譲渡所得が課税されます。この譲渡につき一定要件を満たしていれば、居住用資産の買換特例や事業用資産の買換特例が適用できます。

　よって、もらった借地の立退料で、居住用不動産や事業用不動産を購入した場合は買換えの対象となることもあります。ただし、買換対象不動産についてはさまざまな要件があり、特に特定事業用資産の買換えについては取得する土地の面積が300㎡以上となっており、小規模な事業では対象となりません。また、特定施設の敷地の用に供されていなければなりませんので、原則として駐車場等は対象にならず、さらに買換えの地域によっては圧縮率が減少しますので、十分ご注意ください。

20 交換の特例を活用する

Question

　借地人と地主の権利整理の交渉にあたり、借地権と底地を交換する、他の自用地を対価に充てる等の交換を活用するつもりです。無税で交換できる税法の特例もあるそうですが、どのような特例なのでしょうか。

Answer

POINT

① 同種の固定資産の交換には無税特例がある。

② 用途や交換差金等、厳しい要件がある。

③ 借地権と土地の交換は要件さえ満たせば適用対象である。

④ マンション等立体買換えによる等価交換も活用できる。

解説

1　固定資産を交換した場合の課税の特例

　個人が所有していた一定の固定資産を、それぞれ他の者が所有していた一定の固定資産と交換し、その交換により取得した資産を交換後も従前と同一の用途に供した場合には、譲渡所得の計算に際して、その交換に係る資産の譲渡はなかったものとみなされ、双方とも無税で交換することができます。

2　固定資産の交換の特例の適用要件

　固定資産を交換した場合に無税となる課税特例は、次のすべての要件を満たしている場合に限り適用を受けることができます。

⑴　交換する資産はいずれも次の資産区分に応ずる同じ種類の固定資産であること

〈種類区分〉

①	土地、借地権及び農地法の適用のある耕作権
②	建物、建物附属設備及び構築物

⑵　交換する固定資産は、各々が１年以上所有していたものであり、かつ、交換のために取得したものでないこと

⑶　交換取得資産は、交換後も交換譲渡資産の譲渡直前の用途と同一の用途に供すること

〈用途区分〉

①	土　地	宅地、田畑、鉱泉地、山林、牧場又は原野、その他
②	建　物	居住用、店舗又は事務所用、工事用、倉庫用、その他

⑷　交換する固定資産の時価に差があり、交換差金がある場合にはその交換差金が高いほうの時価の20％以内であること

⑸　交換の特例の適用を受ける旨の確定申告をすること

3　借地権と底地を交換し土地の一部分を単独所有とする

　借地権の問題を解決するために、ある程度の広さの土地の場合、お互いが納得する割合で土地を区分し、地主の底地権と借地人の借地権を交換し、それぞれの区分後の土地を単独所有する方法があります。

　借地権者は、その有する借地権を交換譲渡資産として、返還しない部分の土地の所有権を交換取得資産とする交換取引を行ったこととされ、しかも土地と借地権は「同種の資産の交換」となります。その借地権や土地が、２で説明した税法上の交換の特例における適用要件を満たしている限り、この課税の特例を適用することができますので、無税で実現できる貸宅地の整理方法といえます。

【借地・底地の交換】

底地Xと借地権Yを交換

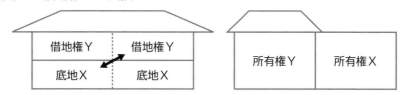

4 交換のバリエーション

　現在の貸地を区分けして交換することだけが無税でできるわけではありません。2で説明した「固定資産の交換の特例」の要件を満たしている同種の資産の交換であれば、無税で交換できるさまざまな方法があります。

　例えば、地主が借地人から借地権を買い戻す際に代金を現金で支払わず、地主が所有しているその借地権価額と等価相当額の別の更地を渡すという方法もあります。また、更地で渡さなくとも、別の地主所有地に権利金を新たに払うことなく借地権を設定させるのも一つの方法です。さらに、地主が借地人へ底地を売却する際に代金を現金で受け取らず、借地人が所有しているその底地価額と等価相当額の別の更地を受け取るという方法も考えられます。

　これらの方法も、交換の特例の適用要件を満たしていれば、原則として、無税で交換できます。借地人は借地権売却による譲渡所得税を支払わずに自己所有地又は新しい借地権を手にすることができ、地主は底地売却による譲渡所得税を支払わずに借地権を買い戻すことができるのです。

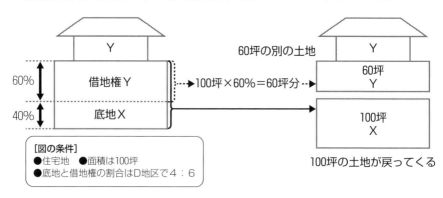

5　等価交換による方法

　マンション開発事業者による"等価交換"方式とは、地主が土地を提供して、その上にマンション開発事業者がマンションを建設し、地主は開発事業者からその土地価額に相当する金額部分の敷地権付きのマンションの何室かを取得する方式のことをいいます。すなわち、地主はいったん土地を開発事業者に売却して、その代金を完成したマンションの何室かという形で受け取ることになるのです。

　この等価交換方式は、一般に立体買換特例といい、一定の要件を満たしていれば、税法上無税で行うことができる方式です。貸宅地である場合にはこの"等価交換方式"を応用するとよいでしょう。つまり、通常の立体買換えの場合は開発事業者が地主とのみ交換するのですが、共同方式では底地を売る地主と借地権を売る借地人が共同で開発事業者との交換に応じるのです。もちろんこの場合も、無税の特例の適用が可能となります。

　しかし、この方法を採用するためには、地主と借地人の意見が一致しなければなりません。そして双方が、土地代金の代わりに、開発事業者から交換により受け取るマンションの専有床割合を合意しておくことが何よりも重要です。考え方の一つとして、その双方の交換割合を路線価図による底地・借地権割合を参考として決定する方法があります。

　いずれにせよ、この等価交換方式に双方が納得すれば、地主も借地人も元手を払うことなく新築マンションを取得することができます。そして地主は手に入れた新築マンションを賃貸すると、高収益の家賃を得ることができ、また相続が発生したとしても、相続税の納税に必要であれば自由にそのマンションの売却をすることができます。また、相続人が複数いる場合に遺産分割するには、マンション所有分が数室あれば分割しやすいので、トラブルが起きにくいでしょう。

　一方、借地人は自己居住部分のほかマンションの数室を得られれば、それを賃貸に出し収益を得ることもできます。また、開発事業者が分譲販売する際に、自己が所有する予定のマンションを売却できた場合には、結果として、借地権を現金化することも可能となる方法なのです。

第5章

民法改正が老朽貸家・貸地に与える影響

民法改正の概要

Question

120年ぶりに民法が大幅に改正されたと聞きました。新しい民法はどこが変わったのでしょうか。特に老朽貸家や貸地の賃貸借契約に関連する改正の概要はどのようなものなのでしょうか。また、新民法はいつから実施されたのでしょうか。

Answer

POINT

① 民法の債権法が大幅に改正され、令和2年4月1日に施行された。

② 連帯保証では極度額の明記が必要になるなど大幅に変わった。

③ 賃借人の修繕権、賃貸物件の一部滅失等は賃料の当然減額が明文化された。

④ 賃借人には通常損耗について原状回復義務がないことが明文化された。

解説

1 民法改正作業

(1) 民法改正の経過

民法のうち、第3編の債権法（賃貸借契約などの契約について定めた部分）の全部と第1編の総則の一部の改正案が平成27年度通常国会に提出され、平成29年5月26日に成立し、令和2年4月1日から施行されています。

民法改正作業は長期間にわたって行われ、平成23年4月に「中間的な論点整理」が公表され、平成25年2月に「中間試案」が公表された後、平成27年2月、民法改正要綱案が策定され、平成27年3月31日、閣議決定を経て、民法改正案が通常国会に提出されて成立に至っています。

(2) 民法改正の目的

　今回の民法改正は、民法制定以来、約120年ぶりの大改正です。民法改正の目的は2つであることが法制審議会において確認されています。

　1つは、国民に分かりやすい民法を実現するということです。分かりやすいという意味は、改正前民法は、その条文だけを見ても、紛争の解決内容を判断することが難しかったことから、条文を見れば解決内容がある程度判断できるようにするということです。改正前民法は、条文だけではなく、裁判所の判例を検討しなければ解決内容を的確に判断できない場面が少なくありませんでした。そこで、できるだけ、判例を民法の条文に明文化しようとしたのが今回の改正です。もう1つは、社会・経済の変化に対応した民法にするということです。改正前民法典が成立したのは今から約120年も前のことですので、当然ながら、現代の社会・経済情勢とは必ずしも合致していない箇所も出てきます。今回の改正は、現在の社会経済情勢に即した民法にするということも狙いの1つです。

　特に、今回の民法改正は、各種の契約について定めている債権法が中心となる改正ですので、貸家や貸地を所有しておられる家主、地主の方々には大きな影響を与える注目すべきものといえるでしょう。

2　改正民法の概要

　改正民法は、賃貸借契約の実務に大きく影響を与えます。主なものを挙げると、以下のようなものがあります。

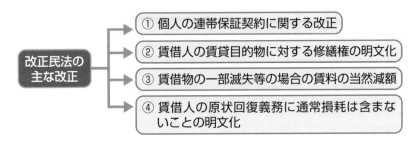

① 個人の連帯保証契約に関する改正

② 賃借人の賃貸目的物に対する修繕権の明文化

③ 賃借物の一部滅失等の場合の賃料の当然減額

④ 賃借人の原状回復義務に通常損耗は含まないことの明文化

改正民法の主な改正

(1)　連帯保証人に関する規制

①　連帯保証人の責任範囲

　1つには、連帯保証契約を締結した後に、主たる債務（賃貸人と賃借人との間の賃貸借契約に基づく賃借人の債務）の態様が加重された場合でも、連帯保証人の責任は加重されないことが明文化されました（改正民法448②）。

②　連帯保証契約の締結には新たに極度額を書面で合意することが要件となった。

　改正民法のもとでは、個人が連帯保証人となる場合には、賃貸人と連帯保証人との間の連帯保証契約には極度額（保証限度額）を書面で合意することが必要となります。

　仮に、極度額を書面で合意しなかった場合には、連帯保証契約は無効となることが改正民法に明記されています。これまで、わが国の賃貸借契約においては、連帯保証人との間で極度額を合意することなど行われていませんでしたので、改正民法のもとでは、連帯保証人との間の連帯保証契約の内容を変えていかなければなりません。その意味で、賃貸借契約の契約書の内容を変えていかなければならないことに留意しておく必要があります。

(2)　賃借人の修繕権の明文化等

　改正民法では、賃貸物件の修繕が必要となった場合に、賃借人が賃貸人に対して修繕を求めたにもかかわらず、相当期間内に賃貸人が修繕をしなかった場合には、賃借人は自ら賃貸物件の修繕を行う権利があることが民法の条文に記載されました。そのことが、賃貸借契約関係にどのような影響を及ぼすかを検討する必要があります。

⑶　**賃貸物件の一部滅失や一部使用不能の場合、その割合に応じた賃料の不発生**

　改正民法では、賃貸物件が地震や火災等で一部滅失した場合や、滅失していなくても一部が使用不能となった場合には、使用ができない部分の割合に応じて賃料が当然に減額されるということが明文化されました。

　改正前民法では、賃貸物件の一部が滅失したとしても賃料は当然に減額されるわけではなく、賃借人が賃料減額請求をすることができると定めているだけですので、この点では、改正前民法と改正民法とでは、ルールが変わることになります。

⑷　**賃借人には通常損耗については原状回復義務がないことが明文化**

　一般的な賃貸借契約書では、賃貸借契約が終了した際には、賃借人は貸室を原状に復して明け渡すという、原状回復条項が定められています（第2章❾）。改正前民法には、賃借人が原状回復義務を負うということ自体が定められていませんでした。そこで、改正民法では賃借人は賃貸借契約終了時には賃貸物件の原状回復義務を負うことが明文化されました。併せて、賃借人は、通常損耗については原状回復義務を負わないことが改正民法に明記されました。貸家契約における通常損耗とは、通常の使い方をしても発生する損耗ですから、畳表の張替費用や、壁クロスの張替費用、クッションフロアの張替費用、ハウスクリーニング費用などが通常損耗の回復費用に当たります。つまり、改正民法では、原則として、これらの費用は敷金から差し引くことができないということが明文化されたということです。

　このように改正民法は主なものを取り上げただけでも、その改正の影響が大きいことがお分かりいただけると思います。きちんと理解し対応することが必要です。

連帯保証に関する民法改正の内容

Question

　民法改正によって、連帯保証人についての契約を変える必要があるとの噂を聞きました。改正民法では、連帯保証人に関しては、主に、何と何が変わるのでしょうか。また、それに対しては、どのように対応すべきでしょうか。

Answer

POINT

① 　連帯保証人の責任範囲が限定された。

② 　連帯保証では極度額を定めなければならなくなった。

③ 　極度額を書面で合意しない場合は、連帯保証契約が無効となる。

解説

　今回の民法改正では保証債務について、保証人を保護するという観点からの改正が行われました。特に、保証人が個人である場合は、保証をしたことによって、思いもせぬ多額の債務を負うことになり、場合によっては、保証人が破産したり、自殺したりするケースもあることから、保証人保護の理念のもとに改正が行われています。

1　保証人の責任範囲に関する改正

　改正民法では、「主たる債務の目的又は態様が保証契約の締結後に加重されたときであっても、保証人の負担は加重されない。」と定められています（改正民法448②）。要するに、連帯保証人が連帯保証契約を締結した後で、賃貸人と賃借人が、賃借人の負う債務を増加しても、その増加分は連帯保証人に請求することができないということです。

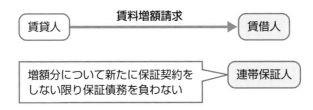

具体的にいうと、改正民法のもとでは、例えば、主たる債務者である賃借人との間で家賃月額10万円で賃貸借契約を締結し、連帯保証人がこれを保証した後、家賃の値上げ請求がなされて、家賃が月額12万円となったとしても、連帯保証人の負担する保証範囲は月額10万円であるということになります。この規定は連帯保証人が個人の場合だけではなく、保証人が法人の場合であっても適用されます。

したがって、上記の例の場合に、連帯保証人に対し、増額後の月額12万円の賃料を保証してもらいたいと考えるときには、家賃を値上げした時点で、新たに連帯保証人との間で、連帯保証契約を締結し直す等の措置を講ずる必要があります。

しかし、連帯保証人には家賃月額12万円の保証契約を締結し直す義務があるわけではありませんので、あくまで交渉ベースで行うしかありません。こうした事態が生ずることを考慮して、家賃債務保証会社を利用するという動きも加速するかもしれません。

2　個人根保証契約に関する極度額の規制

改正民法では、「一定の範囲に属する不特定の債務を主たる債務とする保証契約」を「根保証契約」と呼んでいますが、賃貸借契約の連帯保証もこの根保証契約に該当します。そして、根保証契約の保証人が個人であるものを「個人根保証契約」といいます。賃貸借契約の連帯保証人が個人である場合は、賃貸借契約の連帯保証契約は個人根保証契約に該当します。

改正民法では、個人根保証契約は極度額を書面で定めなければ効力を生じないことが条文に明記されました（改正民法465の2）。極度額とは、保証人の保証限度額と考えていただければ結構です。この場合の極度額は、「主たる債務の元本、主たる債務に関する利息、違約金、損害賠償その他その

209

債務に従たる全てのもの及びその保証債務について約定された違約金又は損害賠償の額について、その全部に係る極度額」を定めるものとされています。

　つまり、アパートの賃貸借を例にとれば、連帯保証人は、賃借人が支払わなかった家賃の額だけ保証するのではなく、家賃が滞納された場合の延滞利息や、賃借人が居室を失火で焼毀してしまった場合の損害賠償や、居室内で賃借人が自殺した場合等の損害賠償義務についても保証することになるため、それらを全部ひっくるめて極度額（保証限度額）を決めて書面での合意をしなければならないということです。ただし、極度額を求められるのは保証人が個人の場合に限られます。

　現在、一般に用いられている連帯保証契約は、「丙（連帯保証人）は、乙（賃借人）が本件賃貸借契約に基づき負担する債務を乙と連帯して保証する。」と規定されているものが多いと思います。この連帯保証条項には極度額は定められていません。令和２年４月１日に改正民法が適用されるまでの間は、上記のような従来型の連帯保証条項は有効と解されます。改正民法が適用された後も、改正民法は、原則として、改正民法施行後に契約を締結したものに適用されますので、改正民法施行前に契約を締結したものは、改正民法施行後も従前の例によることになります。問題は、改正民法施行前に契約を締結していても、改正民法が施行された後に更新を迎えた場合です。更新を迎えた後は改正民法が適用されるのか、それとも旧民法（改正前民法）のままであるのかについては、法務省では、更新後は改正民法が適用されると説明しています。この点については見解が分かれていますが、法務省の見解のとおりであるとすると、現在の契約のまま、改正民法が施行され、更新を迎えた場合には、これまでの連帯保証契約は無効になってしまう恐れがあります。連帯保証人との間で、極度額を盛り込んだ契約に切り替えていく必要があることに注意してください。

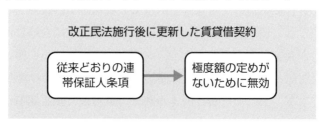

相続税における債務控除と保証債務

　民法改正により保証の範囲が大きく変わりましたが、相続税法上、被相続人の債務で控除できるのは相続時に確定している場合に限られるそうです。債務を保証しているような場合はどのように取り扱われるのですか。

POINT

①　債務は法定相続が原則、相続人間では債務負担を協議できる。

②　債権者に引受け者以外の者の免責をしてもらい手続を行う。

③　連帯債務や保証債務も相続するので、生前にきちんと対応しておく。

解説

1　債務は原則として法定相続

　民法上は原則、法定相続人が全ての相続財産を法定相続分により相続することになります。よって、借入金債務も、原則として法定相続人が法定相続分を相続することになります。ただし、相続人全員が同意すれば誰が引き受けてもよいのですが、債権者が免責してくれない限り、相続人間の合意は債権者には対抗できません。土地及び建物を担保にして借入れをし収益不動産を取得したような場合は、その土地及び建物を相続により取得した相続人がその借入金を全部引き受けることが一般的です。相続税の申告上は民法と異なり、相続人間の合意において債務を引き受けた人がその引き受けた金額につき債務控除することになります。相続税申告の場合は、債権者の同意は関係ないのでご注意ください。

　よって、この場合、他の相続人に影響を及ぼす併存的債務引受け（改正民

法470）にならぬよう金融機関と交渉し、免責的債務引受けとしておくとよいでしょう。民法改正においても、手続が具体化されています（改正民法472）。

2 保証債務も連帯債務も相続する

相続で特に気をつけなければならないのは、このような被相続人自身の単独債務ではなく、他の人との連帯債務や保証債務です。連帯債務は連帯者が返済できなくなった場合には自分の負担部分だけでなく全額について、債務を返済しなければなりません。保証債務は債務者本人が返済できなくなれば相手の代わりに返済義務を負いますので、債務を全額返済しなければなりません。この返済義務も相続することになりますので、相続人は債務を相続しているのと同様の状態にあるといえます。

にもかかわらず相続税の申告では、返済義務の確定している金額しか債務控除できません。相続税の申告で債務を引き受けていなくとも、債権者に「自分に責任はない」と対抗することはできないのです。なお、現在の金融機関における名寄せでは、被相続人がどのような保証をしているかを調べることはできません。相続人にとっては過大な負担となる恐れのある借金の保証をするときには、事前に相続人と相談するなど、十分な配慮をしておく必要があるでしょう。

3 複数の不動産を複数の相続人で取得する場合の注意点

一度に複数の収益不動産を建設し、かつ何本かの借入れにつき借換えによって借入金が一本化されているケースが見受けられます。これらの複数の収益不動産を1棟ずつ複数の相続人が取得した場合、相続税申告においては、相続人間の合意により自身が相続した不動産に係る債務のみを債務控除することはできますが、債権者に対しては債務が一本化されてしまっているため、おのおのの引き受けた債務のみを単独で引き受けることができないこともあり得ます。

このような債務引受けを避けたければ、それぞれの債務に対する担保を当該物件のみとする複数の債務に分割するとよいでしょう。分割債務を単

独で引き受け、債権者である金融機関から免責的債務引受けの取扱いを受けると、他の人の債務については責任がなくなるからです。

　できれば、相続が発生する前に、これらの手続を済ませておくことが望ましいでしょう。

賃貸物の一部滅失等による賃料の減額

改正民法では、賃貸している建物が一部使用収益ができなくなった場合のルールが変わるとのことですが、どのような場合に問題になるのでしょうか。また、そのルールの変更の内容はどのようなものなのでしょうか。

POINT

① 賃貸物が一部滅失した場合について、従来の賃料減額請求から当然減額に変更された。
② 賃貸物の滅失だけでなく、一部使用収益が不能の場合も賃料は当然に減額されることとなった。
③ 賃貸物の一部滅失や一部使用不能の場合の賃料の減額は使用収益できなくなった部分の割合に応じた額となる。

解説

1 賃貸物の一部滅失は賃料減額請求から当然減額に変更

改正前民法では、賃貸物の一部が賃借人の過失によらないで滅失した場合、賃借人は建物の一部は使用できなくなるわけですので、賃借人は滅失した部分の割合に応じて賃料の減額を請求できると定められていました。逆にいえば、改正前民法では、賃借人からの賃料減額請求がなければ、賃貸物の一部が滅失しても賃料は減額されないということになります。

改正前民法の規定は、賃貸物の一部が滅失したことについて、賃貸人に過失があるか否かを問題にしていませんので、賃貸人には全く責任のない事情で賃貸物の一部が滅失した場合にも適用されます。例えば、地震により、賃貸アパートの貸室の一部が滅失してしまったという場合には賃借人

は賃貸人に対し、滅失した部分の割合に応じて賃料の減額請求をすることができます。また、近隣建物で火災が発生し、賃貸アパートの居宅の一部が類焼で滅失したというような場合にも、賃借人は賃貸人に対し、滅失した部分の割合に応じて賃料の減額請求をすることができます。改正前民法の規定は、このような事故が発生しても、家賃は当然には減額されるわけではなく、賃借人からの減額請求があれば滅失した割合に応じて賃料が減額されるというものです。

　これに対し、改正民法では、賃貸物の一部が滅失した場合には、「賃料は、減額される。」と定められています。つまり、改正前民法では、賃借人からの賃料減額請求がなされない限り賃料は減額しないのに対し、改正民法では、賃借人からの請求の有無を問わず、このような一部滅失の事態が発生すれば、賃料は当然に減額されるということです。

改正前民法	賃貸物の一部滅失の場合には賃借人からの減額請求がなされない限り賃料は減額しない！

改正民法	一部滅失の事態が発生すれば、賃借人からの減額請求の有無にかかわらず、当然に減額される！

2　賃貸物の一部が使用収益をすることができなくなった場合の賃料の当然減額

　改正前民法が定めているのは、上記のように、賃貸物の一部が滅失した場合のみなのですが、改正民法では、賃貸物の一部滅失の場合だけではなく、「賃貸物の一部がその他の事由により使用及び収益をすることができなくなった場合」においても、「賃料は、その使用及び収益をすることができなくなった部分の割合に応じて、減額される。」と定められることになりました。

　つまり、改正民法下では賃貸建物の一部が滅失した場合に限られず、滅失以外の事情でアパートの一部が使用収益できなくなった場合にも賃料は当然に減額されるというルールが新たに明文化されたことになります。こ

れは、理論的には、アパートの一部が滅失したということは、一部の使用収益ができなくなったということですから、使用収益ができない場合というのは何も滅失に限ったことではなく、滅失以外の原因で使用収益できなくなった場合も、賃料が当然に減額されるのは当たり前であるという考え方に基づくものと思われます。

改正前民法　┌─────────────────────────────┐
　　　　　　　│　賃貸物の一部滅失の場合のみ賃料の減額請求可　│
　　　　　　　└─────────────────────────────┘
　　　　　　　　　　　　　　　　▼
改正民法　　┌─────────────────────────────┐
　　　　　　　│　一部滅失の場合だけでなく、使用収益ができなくなった　│
　　　　　　　│　部分の割合に応じて当然減額　│
　　　　　　　└─────────────────────────────┘

　しかし、これを実際のアパート等の賃貸借の現場に当てはめると、意外に困難な問題に遭遇することが予想されます。例えば、「賃貸物の一部がその他の事由により使用及び収益をすることができなくなった場合」とは何を指すのだろうか、という問題です。

　具体的には、賃貸アパートの貸室にオーナーがあらかじめクーラー等の設備を設置済みの状態で賃貸するということがありますが、その場合に、オーナーが設置していたクーラーが夏場に故障して、その部屋では昼間の仕事がほとんどはかどらず、夜は寝ることができなくなったという場合は、一部が使用収益できなくなった場合に該当するのだろうか、という問題です。

　また、アパートの風呂釜が故障して、修繕が完了するまでの期間、賃借人が貸室内の風呂に入れなくなったという場合には、賃貸物の一部が使用収益できなくなった場合に該当するのか、という問題です。

　仮に、これらの事態が、賃貸物の一部が使用収益することができない場合に該当するとすれば、賃料は当然に減額されているということになりますが、一体いくらに減額されるかも問題となります。

　改正民法のもとでは、賃借人からのこうした事情の発生を原因として、賃料は当然に減額されているのだと主張されることもあり得ないことではありません。このような場合に、それでは賃料はいくら減額されるのかということについて、当事者間で紛争を生じることもあり得ます。そこで、

216

公益財団法人日本賃貸住宅管理協会は、具体的にいくら減額されるかについてのガイドラインを公表しています。参考になさってください。

令和2年3月19日

貸室・設備等の不具合による賃料減額ガイドライン

公益財団法人日本賃貸住宅管理協会

貸室・設備に不具合が発生

A群に該当するか確認

群	状況	賃料減額割合	免責日数
A	電気が使えない	40%	2日
	ガスが使えない	10%	3日
	水が使えない	30%	2日

A群のいずれにも該当しない場合

群	状況	賃料減額割合	免責日数
B	トイレが使えない	20%	1日
	風呂が使えない	10%	3日
	エアコンが作動しない	5,000円（1ヶ月あたり）	3日
	テレビ等通信設備が使えない	10%	3日
	雨漏りによる利用制限	5%～50%	7日

■ ガイドラインの使用方法

・まず、A群のいずれかに該当するかを確認し、該当すればA群の賃料減額割合・免責日数を基準に金額を算出する。Aのいずれにも該当しない場合に、B群に該当するかを確認し、該当すればB群の賃料減額割合・免責日数を基準に金額を算出する。

・減額の算出方法は、日割り計算で行う。

　＜計算例：　ガスが6日間使えなかった場合　月額賃料100,000円＞
　　月額賃料100,000円×賃料減額割合10%×(6日－免責日数3日)/月30日
　　　　　　　　　　　　　　　　　　　＝1,000円の賃料減額(1日あたり約333円)

　　※免責日数とは、物理的に代替物の準備や業務の準備にかかる時間を一般的に算出し、賃料減額割合の計算日数に含まない日数を指す。

■ ガイドライン使用上の注意事項

・入居者の善管注意義務違反に基づく不具合は除く。
・台風や震災等の天災で、貸主・借主の双方に責任が無い場合も賃料の減額が認められる。ただし、電気・ガス・水道等の停止が貸室設備の不具合を原因とするものでなく、供給元の帰責事由に基づく場合は、この限りでない。
・全壊等により使用及び収益をすることが出来なくなった場合は、賃貸借契約が当然に終了するため、ガイドラインの対象外である。
・あくまでも上記ガイドラインは、目安を示しているものであり、必ず使用しなくてはならないものではない。

令和 2 年 3 月 19 日

＜本ガイドラインのご利用について＞
　本ガイドラインの全部または一部について個人の私的利用、その他著作権法によって認められる範囲を除いて、著作権者の事前の許諾なしに、複製、ウェブサイトに転載するなどの行為は、著作権法で禁止されていますので、事前に当協会にご連絡のうえ、許諾を得ていただくようお願いいたします。

＜本件に関する問合せ先＞
　公益財団法人日本賃貸住宅管理協会 事務局
　※お問合せは当協会ホームページの問合せフォームからお願いいたします。
　https://www.jpm.jp/contact/index.php

3　賃貸物の一部滅失等による契約の解除

　また、改正前民法では、賃貸物の一部滅失の場合に限り、残った部分のみでは賃借人が賃借をした目的を達成することができない場合には、賃借人は契約の解除をすることができると定められるにとどまっていましたが、改正民法では、「賃貸物の一部がその他の事由により使用及び収益をすることができなくなった場合」にも、残った部分のみでは賃借人が賃借をした目的を達成することができない場合には、賃借人は契約の解除をすることができると定められました。

218

賃借人による修繕権の明文化

　賃貸建物の修繕はオーナーにとっては頭を悩ませる問題ですが、今回の民法改正では、修繕に関する規定はどこが変わったのでしょうか。賃借人が、オーナーに代わって、賃貸建物の修繕をする権利が認められたとも聞いたことがありますが、本当でしょうか。

Answer

POINT
① 賃貸人が修繕義務を負う場合が明確化された。
② 賃借人が賃貸建物の修繕権を有することが明文化された。
③ 賃借人が修繕権を行使して建物を修繕した場合、その費用は賃貸人が負担するのが原則である。

解説

　賃貸建物が老朽化してくると、修繕が必要な箇所が増えてきますし、賃貸人にとっては、修繕を、いつ、いかなるときに行うかは、頭を悩ます問題の1つです。

　改正民法は、修繕に関しては、第1点として、賃貸人が修繕義務を負う場合を改正前民法に比べて明確化しています。第2点として、賃借人が一定の場合には賃貸物を自ら修繕する権利があることを明文化しているのが特徴です。

1　賃貸物の修繕義務に関する改正内容

　改正前民法第606条1項は、賃貸物の修繕に関しては、「賃貸人は、賃貸物の使用及び収益に必要な修繕をする義務を負う。」と定めています。この

規定からは、賃借人の過失で修繕が必要となったという場合でも、賃貸人が修繕義務を負うのか否かは文言上は明らかではありません。

改正前民法のもとでは、これについて、賃借人の過失等で破損箇所が生じた場合には、実質的な妥当性の観点から、賃貸人は修繕義務を負わないという見解と、民法には賃借人に過失等がある場合についての制限が規定されていない以上は賃貸人は修繕義務を負うと解釈せざるを得ないという見解に分かれていました。

改正民法では、「賃貸人は、賃貸物の使用及び収益に必要な修繕をする義務を負う。ただし、賃借人の責めに帰すべき事由によってその修繕が必要となったときは、この限りではない。」と定め、賃借人の責任で修繕が必要となったという場合には、賃貸人は修繕義務を負わない、ということを明確にしました。この点で、改正民法は、改正前民法における賃貸人の修繕義務につき、見解がわかれていたところを、明確にしたものといえます。

賃借人の責任で修繕が必要となった場合には、賃貸人は義務を負わないことが明文化

2　賃借人の賃貸物に対する修繕権の明文化

改正民法では、修繕については、改正前民法には規定されていなかった内容が新たに規定されることになりました（改正民法607の2）。

賃貸物の修繕が必要である場合において、次に掲げるときは、賃借人はその修繕をすることができる。
ア　賃借人が賃貸人に修繕が必要である旨を通知し、又は賃貸人がその旨を知ったにもかかわらず、賃貸人が相当の期間内に必要な修繕をしないとき。
イ　急迫の事情があるとき

賃借人が他人の所有物である賃借物についての修繕権限を有するということが明文化

改正民法の規定では、客観的に修繕が必要である場合であることを前提として、一定の場合には、賃借人に賃貸建物の修繕権が認められることが

明文化されました。賃借人が修繕権を認められるのは以下の２つの場合です。

　１つは急迫の事情があるときですが、もう１つは、賃借人から修繕を求められたにもかかわらず、賃貸人が相当期間内に修繕をしなかったという場合です。この場合には、賃借人が自ら賃貸建物を修繕することが認められます。改正前民法には規定されていなかった内容ですが、この規定が設けられることにより、初めて賃借人が修繕権を認められるわけではありません。実は、改正前民法のもとでも、判例では同じ結論が既に認められていたのです。

　したがって、この規定はこれまでの判例を明文化したものにすぎません。

　また、注意すべきことですが、賃借人は、この要件に該当した場合には、改めて賃貸人の承諾を得ることは要件とされていません。賃借人は、賃貸人の承諾を得ることなく賃貸建物の修繕が可能となります。注意すべきことは、賃貸建物に必要な修繕は賃貸人が義務を負っているということです（改正民法606①）。したがって、賃借人が修繕権を行使して行った修繕の費用は、「賃貸人の負担に属する必要費」となりますので、賃貸人の負担となります（改正民法608）。

　もし、賃貸人が、修繕にかかる費用負担を避けたいと考える場合は、賃貸人が修繕義務を負わないことを賃貸借契約書において確認しておくことが必要です。

　なお、賃貸人にとっては老朽家屋についての賃借人の修繕権が問題になるかと思われますが、判例では、家屋が老朽化し、朽廃が遠くない状態になっている場合には、それにもかかわらず賃借人が大修繕をした費用は賃貸人に負担させるべきではないとした裁判例があります（東京地裁昭和41年４月８日判決）。ただし、この点は微妙な判断を含みますので専門家に相談するなど慎重な対応が必要です。

6 賃借人の原状回復義務の明文化

改正民法では、賃借人が原状回復義務を負うということが定められたと
聞きました。これまでの原状回復や敷金の精算は何か変化があるのでしょ
うか。賃貸人が注意しておかなければならないことは何でしょうか。

Answer

POINT

① 民法に初めて賃借人が原状回復義務を負う旨が定められた。
② 賃借人は、分離することができない物や分離するのに過分の費用
　を要する物は収去義務を負わないことが明文化された。
③ 賃借人は、通常損耗は原状回復義務を負わない旨が明文化された。

 解説

1　原状回復義務に関する条文の新設

　意外に思われるかもしれませんが、改正前民法には賃貸借契約が終了し
た際、賃借人が賃貸物に対して原状回復義務を負うという条文が存在しま
せんでした。したがって、これまでは、明文の規定はないものの、賃借人
には原状回復義務があるものと解釈されてきたにすぎません。

　賃貸借の理論からしても、賃借人が原状回復義務を負うことは明らかな
ことですし、賃貸借の基本中の基本に属する事柄ですから、改正民法では
賃借人が原状回復義務を負うという当たり前のことを、民法典に明文化す
ることにしたわけです。

改正民法 ➡ 賃貸借契約が終了した際、賃借人が賃貸物に対
して原状回復義務を負うことが明文化

2　賃借人の収去義務

　改正民法では、賃貸借契約が終了した場合には、賃借人の義務として、賃借人が賃貸物に附属させたものがあるときは、附属させた物を収去する義務を負うことが明文で定められました。

　改正前民法には、賃借人が、自ら附属させた物を持ち去ることができるという収去権は定められていましたが、収去義務についての定めはありませんでした。このことについて、賃借人には収去義務があるという点も新たに規定されることになりました。

　ただし、賃借人は、「借用物から分離することができない物又は分離するのに過分の費用を要する物については、この限りではない。」と定められ、このような場合には賃借人は収去義務を負わないものと規定されています。この点については、立法作業の過程で、そもそも他人の所有物に、賃借人が、将来的に分離できない物や、分離するのに過分の費用を要する物を附属させること自体が問題なのではないか、賃貸人に無断でこれらの物を附属させた場合には収去義務を課すべきであり、このような例外は賃貸人の同意を得て賃借人が賃貸物に附属させた物に限るべきであるとの意見もありましたが、こうした意見は結局のところ受け入れられませんでした。

3　賃借人の原状回復義務

　改正民法は、賃借人は、賃貸借契約が終了したときは、原状回復義務を負うことを明文化しましたが、賃借人の原状回復義務の内容については、通常損耗と経年変化を除いて建物に生じた損傷を原状に復する義務を負うという内容になっています。

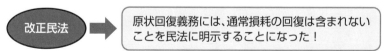

改正民法　➡　原状回復義務には、通常損耗の回復は含まれないことを民法に明示することになった！

　経年変化とは、賃借人の使用収益の有無にかかわらず、時の経過によって生ずる建物価値の変化をいい、通常損耗とは、賃貸借契約の目的に適合した、通常の使用をした場合においてもなお生ずる損耗のことをいいます。具体的には、賃貸アパートを通常の用法で使用しても、畳表は擦れた状態

になりますが、このような畳表の状態は通常損耗に該当します。同様に、壁クロスやクッションフロア等も、それらが薄汚れていたとしても、格別の損傷が発生していない限り、通常損耗の範囲内と判断されます。したがって、畳表の張替費用や、壁クロス・クッションフロアの張替費用については、通常損耗の範囲内ですから、賃借人は原状回復義務を負わないことが民法で明らかにされたことになります。賃借人が原状回復義務を負わないということは、これらに要する費用は敷金から差し引くことができないということになります。賃貸住宅の原状回復の際によく行われるハウスクリーニングも通常損耗の回復費用と判断されます。

　結局のところ、改正民法において、賃借人が原状回復義務を負うのは特別損耗だけということになります。特別損耗とは、賃借人の故意又は過失その他の善管注意義務違反により、通常の使用では発生しないような損耗をいいます。例えば、引越しの際に柱に発生させたキズ跡とか、タバコの焼け焦げなどがこれに該当します。ただし、改正民法の原状回復に関する規定は、いわゆる強行規定ではなく、任意規定と解されます。強行規定とはこれに反する特約をしても特約の効力が認められないものをいい、任意規定とは、これと異なる内容の特約をした場合には特約が優先するものをいいます。

　今回の民法改正作業の当初の段階においては、賃貸人が事業者で、賃借人が消費者である場合には、賃借人が通常損耗については原状回復義務を負わないという改正民法の規定に反する特約は無効とするとの条項案が提案されていました。しかし、この提案は、改正民法には盛り込まれてはいません。したがって、改正民法のもとでも、原状回復に関する規定は任意規定として、民法の定める原状回復義務の内容とは異なる内容の原状回復を賃借人と合意すること自体は禁止されているわけではありません。ただし、賃借人が消費者である場合は、消費者契約法が適用されますので、賃借人が通常損耗について原状回復義務を負うとの特約をする場合には、消費者契約法第10条の定める要件に該当しないこと、すなわち、かかる特約が信義則に反するようなものではなく、消費者の利益を一方的に害するものではないということが求められます。

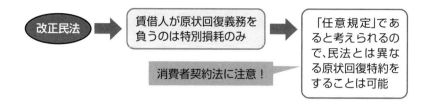

消費者契約法第10条（消費者の利益を一方的に害する条項の無効）
　消費者の不作為をもって当該消費者が新たな消費者契約の申込み又はその承諾の意思表示をしたものとみなす条項その他の法令中の公の秩序に関しない規定の適用による場合に比して消費者の権利を制限し又は消費者の義務を加重する消費者契約の条項であって、民法第1条第2項に規定する基本原則に反して消費者の利益を一方的に害するものは、無効とする。

7 入居率の悪い賃貸物件の対策に係る税金の取扱い

Question

民法改正に伴い契約を確認し、入居率が非常に悪い賃貸物件について建替えを検討しています。多額の立退料や取壊費用を払ってでも建て替えた方が、税務上メリットがあるのでしょうか。

Answer

POINT

① 貸家の相続税評価の減額は賃貸割合により計算する。

② 立退料とは無関係に敷地の相続税評価は貸家建付地割合が控除。

③ 相続税の負担を考えると、建替えを行うならば相続前が有利である。

解説

1 賃貸割合が低いと相続税法上不利

　貸家建付地や貸家の評価では最後に賃貸割合を乗ずるため、賃貸部分が少ないと評価が上がることになります。一戸建ての場合、借家人が退去すると、宅地では20％前後、建物については30％、相続税評価額が一挙に上昇します。また、アパート等では退去した借家人の賃貸部分の面積の割合で評価が上昇しますので、例えば、10室のうち2室しか借家人が残っていない場合、評価減割合が30％から30％×20％＝6％と大きく減少しているのです。

　賃貸が継続しているとみなされるならば空室であっても評価減の割合は変わりませんが、建て替えようとしている場合には借家人が退去しても新たな募集は行いませんので、空室のまま自用とみなされ評価が上がります。家屋については建替え予定ですから、家主にとっては取壊費用もかかる価値のないものとなっているにもかかわらず、相続税評価上は価値あるものとして課税されますので非常に不利な財産といえるでしょう。

事例

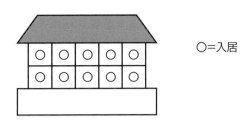

〇＝入居

建物　……▶　　　3,000万円×(1−30%)＝　　　2,100万円(貸家建物部分)

自用地価格
土地　……▶　　1億円×(1−60%×30%)＝　　8,200万円(貸家建付地部分)
　　　　　　　　　　　　　　　　　　　　　計1億300万円

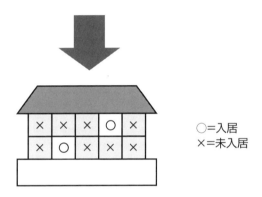

〇＝入居
×＝未入居

建物　……▶　　3,000万円×$\frac{8}{10}$＝　　　　2,400万円(自用建物部分)
　　　　　　　3,000万円×$\frac{2}{10}$×(1−30%)＝　　420万円(貸家建物部分)
　　　　　　　　　　　　　　　　　　　　　2,820万円

自用地価格
土地　……▶　　1億円×$\frac{8}{10}$＝　　　　　8,000万円(自用地部分)
　　　　　　　1億円×$\frac{2}{10}$×(1−60%×30%)＝　1,640万円(貸家建付地部分)
　　　　　　　　　　　　　　　　　　　　　9,640万円
　　　　　　　　　　　　　　　　　　　計1億2,460万円

2　立退料は相続税評価上考慮されるのか

　借家人サイドから退去を申し出てくれれば原則として立退料は不要ですが、建替えのために家主サイドから退去してくれるように申し出れば相応の立退料を払うケースも想定できます。ところが、相続税評価の計算上は立退料が必要かどうかは全く考慮されず、賃貸している土地の場合には、すべて貸家建付地割合が控除されることになっています。

　結果として、退去してもらうための立退料が自用地としての評価額の貸家建付地割合（20％前後）相当額以下であると想定される場合は、相続発生までにと明渡し交渉を急がなくてもかまいません。他方、立退料が自用地としての相続税評価額の貸家建付地割合相当額以上であると想定される場合は、相続までに明渡し交渉を成功させるとよいでしょう。結果として、貸家建付地割合相当額以上に相続財産が減少することになりますので、相続税の節税になるからです。

　どれくらいの立退料になるのかを想定するのは非常に困難ですが、普段の借家人との付き合いで快く退去に応じてくれる人か、退去になかなか同意してくれない人かを見極め、生前に立退きしてもらって賃貸建物を取り壊してしまうかどうかを判断する必要があります。

3　建替え予定ならば相続前に完了するのが有利

　耐震構造となっておらず、補強工事をすると多額の修繕費がかかる建物について空室が多い場合、数年の間に建て替えた方が経済効率が高いことも考えられます。このような場合には、相続発生前に立退き・取壊し・建替えを完了しておくとよいでしょう。立退料や取壊費用という高額の支出を相続財産から減少させる結果となるからです。

　さらに、建替えによる新築物件は賃貸開始時から貸家の評価になり、その敷地は貸家建付地の評価となります。建物の相続税評価は固定資産税評価額となり投下資金のおよそ60％以下になると予想され、満室であるならばさらに30％評価が下がり約40％の評価額となります。土地の評価は貸家建付地として約20％評価が下がるのですから、非常に効果の高い相続税対策となるのです。

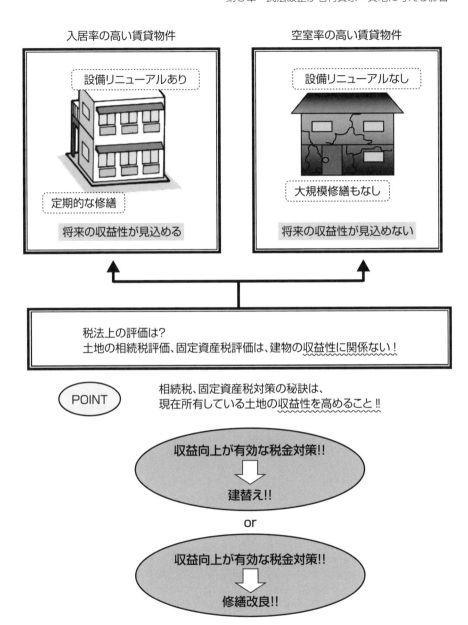

8 未払家賃の税務対応

Question

　未収家賃の時効については民法改正でも変更がなかったそうですが、もらってもいない家賃に税金がかかるこの頭の痛い問題には、どう対処すればよいのでしょうか。

Answer

POINT

① 収入計上すべき時期は契約で定められた支払日である。
② 未収金は回収不能であることを法的に明らかにしないと経費への算入は不可。
③ 返済不能なら契約解除して債務免除するのも相続税対策となる。

解説

1 収入金額に算入すべき時期

　不動産所得の収入金額を確定するうえで重要なのは、その収入金額の計上時期です。不動産所得の総収入金額には、通常の家賃・共益費のほか、更新料・礼金など不動産の貸付けに伴い生ずる収入が含まれ、収入の計上時期は賃貸借契約で定められた支払日が原則です。実際の支払如何にかかわらず、契約上受け取ることができるかどうかで課税されるのです。未払の家賃に対しても所得税がかかるので本当に頭の痛い問題です。

　不動産の賃貸の際に受け取る敷金や保証金などは、原則として契約が終了したときに借主に返還しなければなりませんが、最後の退去に伴う精算の際に、その返還すべき金額を未払家賃に充当することがよくあります。この場合には、退去時に取り立てた家賃は既に収入計上されていますから、退去時には収入金額とされません。

　強制的な退去による未払家賃の免除については、免除額は既に収入として計上されており税金を納めているのですから、この免除額は免除が確定した時に立退料に相当するとして、必要経費とすることができます。

2　未収金に対する課税上の取扱い

　受け取っていなくとも、もらうべき権利がある場合には、税金はかかってくるのですが、本当に回収不能であると課税当局が認定すれば費用計上することができます。そのためには、次のような手続が必要です。

　例えば、夜逃げなどにより家賃が未払のまま連絡が取れなくなった場合には、まず家主としてはどこに行ったか探す、保証人に家賃の催促をするなどの最低限すべき回収努力をする必要があります。これらの努力を十分したことを要件に、課税当局は貸倒れとして認めることになります。

　この場合、その不動産の貸付けが事業的規模（5棟10室基準）で行われている場合は、その貸倒れが発生した年分の必要経費に算入できます。

　事業的規模で行われていない場合（業務的規模）は、その貸倒れの金額は必要経費とはなりませんが、その代わりに、その未収家賃については収入金額がなかったものとして更正の請求をすることができます。

3　返済不能なら債務免除しておく

　支払ってもらってもいない家賃に税金はかかるし、払ってもらえないことは確定してもさまざまな手続を踏まないと必要経費にもならないし、家賃を払ってくれない借家人は家主にとって最大の困りごとです。数回の不払いでも、早め早めの対応でトラブルを大きくしないよう努力しましょう。

　というのも、何年も溜まった家賃を取り立てることは非常に困難でしょう。それにもかかわらず、相続に際しては金銭債権であるとして相続税がかかりますので、相続人にとってはたまったものではありません。

　こんな場合には契約解除して立ち退いてもらい、精一杯取り立てる努力をした後、返済の見込みがないことを法的に立証することができれば、思い切って債務を免除するとよいでしょう。家賃の場合は貸倒損失として経費とすることができ、相続の時には債権が存在しなくなるのですから、相続税がかからないことになります。早めに検討し実行する必要があります。

第**6**章

事例で解説

こうして解決する
老朽貸家と貸地の問題

事例1　債権法改正による新たに注意すべきポイント

　私（京都花子）は不動産を多数所有しており、倉庫やアパートを賃貸しています。債権法の改正で賃貸借契約を見直さないと大変なことになると聞いたのですが、賃貸借契約見直しのポイントを教えてください。

家主
京都花子

　民法が改正されたことにより、賃貸経営の実務に大きな影響が出ると聞いています。賃貸経営に関連するものとして、主にどこが変わるのでしょうか。債権法が改正され、私のような賃貸アパートの経営をしている者は、何に注意すればよいのか分からず不安です。改正のポイントはどのような点なのでしょうか。

　改正民法は令和2年4月1日から施行されています。その日よりも前に契約を締結していた賃貸借契約には、改正前民法が適用されます。今回の民法改正事項のうち、不動産オーナーの賃貸経営に大きな影響を与えるものとしては、主に5つの改正事項を頭に入れておくとよいでしょう。

江口弁護士

改正民法の賃貸借に
関する概要

①個人の連帯保証契約に関する改正

②賃借人の賃貸目的物に対する修繕権の明文化

③敷金の定義と返還時期に関するルールの明確化

④賃借物の一部滅失等の場合の賃料の当然減額

⑤原状回復義務に通常損耗は含まないことの明文化

家主
京都花子

　1つ目の個人の連帯保証に関する改正ですが、これはアパートの賃貸借契約の保証人に関係することなのですか。

　そのとおりです。改正民法は、アパートやマンション、あ
るいは貸ビル等の賃貸借契約の保証人が個人である場合には、
保証契約締結の際に、極度額を書面又は電磁的な方法で合意
しておかないと保証契約が無効になるという新しいルールを導入しまし
た。

極度額って何のことですか。

家主
京都花子

　極度額とは、分かりやすくいえば、保証人の責任限度額の
ことです。保証人の責任の上限を決めるものといってもよい
でしょう。従来は、アパート等の賃貸借契約を締結する際に、
保証人との間で保証人の責任限度額である「極度額」を決めることはし
ていなかったと思います。しかし、令和2年4月1日からは、保証人が
個人である場合には、極度額を保証契約書に記載するか、あるいは電磁
的な方法で極度額を合意しない限り、保証人から、保証契約は無効です
と言われるリスクが発生します。

　　　　**新しい民法は令和2年4月1日から実施されていると聞き
ましたが、令和2年4月1日以降に保証契約を締結するとき
は極度額を書面で合意しなければならなくなるのですね。改
正民法が実施されるより前に賃貸借契約を済ませたものは、
極度額なんか契約書には書いてありません。改正前から締結
済の保証契約であっても、令和2年4月1日を迎えると、極
度額が書面に書いていないからといって保証契約が無効にな
ってしまうのでしょうか。**

　その点は、複雑で難しい事柄ですので、少し詳しく説明し
ておくことにします。改正民法の附則にルールがきちんと定
められており、極度額の規定は、改正民法の施行日以降に新

規に契約したものに適用されるのが原則とされています。したがって、既存の契約は改正民法が施行された令和2年4月1日を経過しても、相変わらず改正前民法が適用されるのが原則となりますので安心してください。

また、民法改正前の時点で契約されていた保証契約に関して、改正民法施行後に保証契約が更新された場合、更新後の保証契約には改正民法が適用されて極度額が必要になるのかについては、令和2年4月1日以降に賃貸借契約が自動更新条項により更新され、保証人の責任も継続するという場合には、当該保証契約には改正民法が適用されないと解されますので、極度額を合意することは不要です。ただし、この点については、極度額の合意が必要だという見解もあり、今後の動向に注意する必要があると思います。

令和2年4月1日以降に賃貸借契約だけではなく保証契約も更新手続を行い、保証契約の更新契約書に保証人が押印したというケースは見解が大きく分かれています。その場合でも改正民法は適用されないから極度額の定めは不要であるとする見解と、保証契約それ自体を更新した場合には、更新後の保証契約には改正民法が適用され、極度額の定めがなければ保証契約は無効になるとする見解があります。後者が法務省の見解と思われます。したがって、リスク回避を図るなら、令和2年4月1日以降に保証人との保証契約の更新契約書は取り交わさず、賃貸借の自動更新条項に任せておいたほうが無難であると考えられます。今後保証人との保証契約の更新契約書を締結する場合は、念のため、極度額を書面で合意したほうがリスク回避の観点からは望ましいと思います。

家主
京都花子

2番目の賃借人の修繕権とはどういうことですか。賃貸アパートは家主である私の所有物です。私の所有物を、所有者でもない賃借人が修繕する権利があるということですか。

　賃借人は当然に修繕権を持つわけではありません。賃貸ア
パート等が客観的に修繕の必要な状態にあるという場合に、
賃借人から修繕をしてほしいと通知がされた後、相当期間を
経過しても賃貸人が修繕をしなかったという場合に、初めて賃借人が修 江口弁護士
繕権を認められるという構成になっています。

　もう一つ、例えば台風で天井が飛んでしまって雨風にさらされるなど
の緊急の必要がある場合も賃借人に修繕権が認められます。注意してお
くべきことは、賃借人が修繕権を行使して修繕した費用は最終的には賃
貸人の負担になるという点です。

**　賃借人が修繕権なるものを行使して修繕した費用について
は、税務上はどう扱われるのですか。**

家主
京都花子

　賃借人が修繕権を行使して修繕したとしても、その費用を
結局家主さんが負担することになるのですから、家主さんの
修繕費となります。

坪多税理士

　修繕費は不動産所得の計算上必要経費となりますが、税務上の修繕費
は一般的に修繕費といわれているものとは異なり、固定資産の通常の維
持管理のため又は固定資産の機能等が低下した箇所を元の状態に修復す
るための費用をいいます。

　例えば、比較的大規模な修繕を行ったときに、修繕費であると認識し
ていても税務上は「修繕によりその建物の価値が増加した」あるいは「使
用可能期間が延びた部分がある」とされた場合、価値増加部分あるいは
使用期間延長部分は、修繕費として必要経費に算入するのではなく、「資
本的支出」として固定資産に計上し、減価償却費の対象とすることにな
っています。

　実務上は、明らかに修繕費あるいは資本的支出といえるものは別にし
て、修繕費になるか資本的支出になるかは明確に判断ができるものでは
ありません。そこで、通達により形式的な修繕費の判断基準が設けられ
ています（69ページ参照）。

しかし、修繕費にならないで、減価償却の対象となるからといって不利になるわけではありません。次の世代に減価償却費を残すと思えば、結果として相続税対策になるともいえるでしょう。

家主
京都花子

なるほど、よく分かりました。 ３番目の敷金については、何か変わるのでしょうか。

敷金については、初めて定義がなされ、返還時期が定められたとマスコミなどで報道されていますが、改正民法は、敷金については、これまでの判例実務の内容を明文化しただけのことですから、実務上格別の変更があるわけではありません。

江口弁護士

家主
京都花子

なんだ、少し安心しました。敷金というとお金に関することなので、また何か家主に不利な改正がなされたのかと心配していたのですが、これまでの実務と変わらないのですね。
　それでは、４番目に賃借物の一部滅失の場合に賃料が当然に減額されるとありますが、賃料が当然に減額というのは、どういう意味なのですか。

例えば、賃貸アパートの家賃が月10万円とします。地震や近所の火事の類焼で貸室の全部ではなく、ちょうど半分が滅失し残りの半分はそのまま残って賃貸も可能であるとします。 江口弁護士
改正前の民法では、その後の家賃は原則として月10万円ですが、賃借人が減額請求をしてきた場合には滅失した割合に応じて賃料を減額することとされていました。改正民法は、これを当然に減額されるという構成に変更したのですが、その結果、一部が滅失した場合には、賃借人からの減額請求を待たずに、当然に賃料が減額されることになりました。つまり、改正民法では賃料は一部滅失した部分については発生しないということになります。

家主
京都花子

　　まぁ、一部滅失ということは、その部分は使えないわけだから、当然減額でも減額請求でも、どちらでもいいような気がしますが。

　ただ、改正民法で議論されたのは、一部滅失の場合だけで はなく、賃貸建物は全部存在しているのに、一部が使用収益不能となった場合にも、その部分の割合に応じて賃料が当然 江口弁護士減額される（不発生）という規定が新たに設けられたことです。一部が使用収益不能というのは、どのような場合を指すのか必ずしも明確ではないのですが、例えば、アパートでユニットバスが破損して入居者が風呂に入れなくなったというのは賃貸物件の一部使用収益不能に該当するのか、猛暑日に作り付けのエアコンが故障して貸室が蒸し風呂状態になり、とても部屋で過ごすことができなくなったという場合は一部使用収益不能といえるのか、という点が問題になると思われますね。

　しかも、その場合に家賃がいくら当然減額になるのかという点については、立場によって見解も異なるでしょうしトラブルの種になりかねません。このため、改正民法施行後の賃貸借契約において、賃借物の一部使用収益不能であるとして発生が想定される事項については、賃料をいくら減額するかをあらかじめ合意しておくとよいでしょう。さもなくば、大家さんと借家人さんが話し合っても、なかなか解決が難しいかもしれません。このような場合に備えて、公益財団法人日本賃貸住宅管理協会が賃料減額のガイドラインを公表しています（217ページ参照）。これも参考になさってはいかがでしょうか。

家主
京都花子

　　結構、難しい問題が起きるのですね。賃貸アパートの一部が使用収益不能ということで賃料が当然減額とされた場合、賃料についての所得税の申告はどのようにすればよいのですか。

　不動産所得の収入金額を確定するうえで重要なのは、その収入金額の計上時期です。不動産所得の総収入金額には、通 坪多税理士

常の地代、家賃・共益費のほか、権利金・名義書換料・更新料・礼金など不動産の貸付けに伴い生ずる収入が含まれ、その収入の計上時期は賃貸借契約で定められた支払日が原則です。

　したがって、毎月、翌月分の賃料を受け取ることになっている場合、不動産所得の計算上、原則として契約で定められた当月末が収入計上時期なので、たとえ12月末に1月分が未収であっても収入としなければならないのです。また、1年分の地代等を一括して受け取るような契約をしている場合、契約に基づき受け取るべき日に1年分の地代を収入計上しなければならないのです。

　不動産の賃貸の際に受け取る敷金や保証金などは、原則として契約が終了したときに借主に返還しなければなりませんので、その返還すべき金額は収入金額とされません。しかし、敷金などの一部について返還を要しない部分がある場合には、その金額の返還不要が確定した年に収入金額に算入することになります。経過年数などにより返還を要しない金額が変動する場合には、契約に基づいてチェックし、確定した年に収入計上するのを忘れないようにしなければなりません。

　よって、賃貸アパートの一部が使用収益不能ということで賃料が当然減額とされた場合には、契約上収入とはなりませんので、既に受け取っていても返還すべき金額は収入として計上する必要がありませんので、所得税はかかりません。

家主
京都花子

なるほど、そのように申告すればよいのですね。
**　5番目の原状回復に通常損耗が含まれないというのは、何を意味しているのですか。これまでの敷金精算とは、やり方が変わることになるのでしょうか。**

　原状回復とは、賃貸借が終了した後、建物に損耗がどれだけ発生したかを家主さんや管理会社が調査して、建物を元の状態に戻すことをいうのですが、原状回復は賃借人の義務ですから、実務上は、敷金から原状回復費用を差し引いた残額を賃借人に返還しています。この敷金から差し引く金額について、これまでは畳表・

江口弁護士

壁クロス・クッションフロアの張替費用、ハウスクリーニング費用を差し引いて返還する例も少なくなかったと聞いています。

　改正前民法には原状回復の定義規定がなく、原状回復費用に何が含まれるかは改正前民法では条文上明確ではありませんでした。改正民法では、賃借人の原状回復義務には、賃借人が契約で定められた用法に従って使用収益した結果生じる損耗（これを「通常損耗」といいます）については、賃借人は原状回復義務がない、ということが明文化されました。

家主
京都花子

　そうすると、改正民法のもとでは、畳表・壁クロス・クッションフロアの張替費用とか、ハウスクリーニング費用を差し引いて敷金を返還することは認められないということですか。私のところは、それらの費用は賃借人に負担してもらって、敷金から差し引くことを前提に家賃を決めていたのですが、かといって、今更家賃を値上げするというわけにもいきません。どうしたらよいのでしょうか。

　確かに、現行の家賃を決めた際において、通常損耗を賃借人に負担してもらうことを前提にしていたという事情がある場合は、困ってしまいますね。まず、覚えておいていただきたいことが３つあります。１つは、賃貸借契約で、賃借人は貸室を原状に復して明け渡す義務がある、と規定した場合は、民法の規定に従い、賃借人は通常損耗については原状回復義務を法的に負わなくなるという点です。ですので、家主さんが、通常損耗を賃借人に負担してもらうことを前提にして家賃を決めていると説明しても、賃借人に理解してもらうことは困難だと思います。２つ目は、この民法の原状回復に関する規定は絶対的な規定ではなく、民法の規定とは異なって通常損耗を賃借人の負担とする旨の特約は原則として有効と解されることです。つまり、賃貸借契約に、賃借人は貸室を原状に復して明け渡す義務があると規定した場合、通常損耗についての原状回復費用を賃借人には請求できませんが、通常損耗を賃借人負担とする特約があれば、その特約は有効と解されるということです。ただし、３つ目の点なのですが、通常損耗を賃

江口弁護士

借人負担とする特約に関して、「通常損耗は賃借人の負担とする。」というような、単なる包括的な定めを裁判所は無効と解しています。最高裁判所は、通常損耗を賃借人が負担する条項は、賃借人が負担する通常損耗の内容を契約書に具体的に明記することが必要であるとしていることに注意してください。

家主
京都花子

　　　新しい民法では、そのような契約書の書き方がポイントになってくるということですね。これから賃貸借契約書を見直したいと思います。民法の規定と異なる契約書を作成して、通常損耗を賃借人負担とした場合に、税務上、何か留意することはあるのでしょうか。

　税法では契約どおりの負担者が履行した場合や、修繕費を賃借人が負担した場合には、当然にその費用は必要経費にはなりません。ただ、家屋の価値が増加しているにもかかわらず、契約終了に伴い無償で返還を受けた場合にはその経済的利益に対し課税されることもあります。原状復帰した上での返還の場合には、経済的利益がありませんので課税関係は生じません。手を加えた場合、必ず原状復帰して返還するという条項を入れておけば、税金上は安心ですね。

坪多税理士

　　　改正民法に対応するには、法務と税務の両方から考えていく必要があるのがよく分かりました。これからの賃貸経営はプロであるという心構えが要求されるようです。信頼できる不動産管理会社に全面委託することも考慮して、今後のことを考えていきたいと思います。

家主
京都花子

事例2　借家人の保証や保証人への情報提供

> 　私（大阪健太）は多数の賃貸物件を所有していますが、債権法の改正で保証人への連絡など、いろいろ注意すべき点が出てきたと聞いています。債権法の改正や税金について考えるときには、どのような点に気をつければよいのでしょうか。

家主
大阪健太

**　民法の債権法が今回大幅に改正されたとは聞いているのですが、私たちのような賃貸経営をしている家主にとって、実際にはどれほどの影響があるのかがよく分かりません。実質的な影響はさほどでもないのか、それとも、今後賃貸借契約書を書き改めなければならないほど重大な改正が行われたのか、そういった点からお伺いしたいのですが。**

個人が連帯保証人となる場合の極度額規制の導入

　賃貸オーナーの方に影響のある改正項目としては、賃貸借の保証人に関する改正が挙げられます。これまでは、保証人が思わぬ高額の保証債務を負わされることも少なくなかったため、改正民法では経済的な破綻や生活の崩壊等が生じかねないことを考慮して、保証人が想定外の過大な保証債務を負うことのないように保証人の責任範囲を明確にし、保証人を保護する制度の導入が図られることとなりました。

江口弁護士

　その一つとして、アパートやマンション等の賃貸借契約の保証人が個人である場合には、保証人が自己の保証債務の上限額を認識した上で保証契約を締結することができるように、「極度額」（保証の上限金額）を書面又は電磁的方法によって合意しなければ、保証契約を無効とするとの規制が新たに設けられました。

改正民法施行後の個人保証契約		極度額を連帯保証契約等の書面又は電磁的方法で定めない限り、連帯保証契約は無効

したがって、改正民法の下では、賃貸借契約の連帯保証契約を個人と締結する場合には、極度額を必ず書面又は電磁的方法で定めなければなりません。

家主
大阪健太

**　　　　　極度額は保証の上限金額とのことですが、具体的にいうと、何の上限金額ということになるのですか。**

　極度額の対象は具体的にいうと、まず、①賃借人が賃貸人に対して負担する債務（これを「主たる債務」といいます）がこれに該当します。主たる債務には、未払賃料、未払原状回復費用、賃借人が貸室内で火災を発生させた場合の賃貸人に対する損害賠償額や賃借人が貸室内で自殺した場合の賃貸人に対する損害賠償額等が含まれます。

江口弁護士

　これ以外に、②主たる債務に関する利息、③主たる債務に関する違約金、④主たる債務に関する損害賠償、⑤その他その債務に従たる全てのもの、⑥その保証債務について約定された違約金又は損害賠償の額の全てが極度額の対象になります。

　要するに極度額を定めると、賃貸人は、賃借人の義務違反等により多額の損害を被ったとしても、あらかじめ契約書等において定めていた極度額以上は保証人に請求することができなくなることを意味します。

家主
大阪健太

**　　　　　分かりました。そうだとすると、坪多先生にお尋ねしたいのですが、極度額を合意しなければ家主に生じた損害の全額を保証人に請求できるのに、極度額を合意すると、本来、保証人に請求できたはずの額を請求できなくなるという合意をしたことになるのではないかと思います。この場合に、税務上の取扱いはどうなるのでしょうか。**

　家主が保証人から未収家賃等の賃借人の債務の返還を受けたとしても、不動産所得の金額の計上において、収入は権利確定主義であり、原則としてその収入はもう収益計上されて

坪多税理士

いますので、さらに課税されることはありません。ただ、保証額に限度額が設けられているため、貸倒損失部分が発生した場合、事業的規模かそれ以外かによって取扱いが異なります。事業的規模の場合には、回収不能が発生した年分の必要経費に算入できます。業務的規模の場合には、回収不能部分は必要経費にならず、収入がなかったものとして取り扱われますので、当年分以外は更正の請求で税金を取り戻すことになります。

　参考までに、保証人と賃貸人の税金関係を説明します。保証人が家主の請求に基づき保証を求められ、支払義務が確定した場合、保証人が弁済した保証債務の金額については、賃借人に対し求償権が発生します。したがって、賃借人が求償債務を免れるものではありませんので、原則課税関係は生じません。

　その後、賃借人が返済できるにもかかわらず、保証人が求償権を行使せず返済を求めなかった場合には、保証人が貸借人に贈与したものとみなされ贈与税がかかることになりますので注意が必要です。

家主
大阪健太

　　よく分かりました。ところで、今ご説明いただいたルールは改正民法が施行された令和2年4月1日以降、私が賃借人と新たに賃貸借契約を交わす時から適用されると考えてよろしいのでしょうか。それとも、私が令和2年4月1日よりも前に既に契約している賃貸借契約についても、令和2年4月1日以降は、やはり極度額を定めておかないと保証契約が無効になってしまうのですか。

　この点は民法の附則に定められています。今回の改正民法は、原則として、改正民法が施行される令和2年4月1日以降に新規に契約したものから適用されますので、ご相談者が令和2年4月1日よりも前に既に契約しておられる賃貸借については原則として適用されないこととされています。

江口弁護士

家主
大阪健太

　ということは、私が令和２年４月１日よりも前に契約している既存の建物賃貸借契約については、改正民法が施行された令和２年４月１日を過ぎたからといって、その日から、極度額に関するルールが当然に適用されるということにはならないのですね。

　そのとおりです。ただ、問題は、改正民法が施行された令和２年４月１日以降に個人の連帯保証契約が更新されるケースです。更新後の連帯保証契約は、極度額を定める必要のなかった既存の建物賃貸借契約及び連帯保証契約と同一性をもって更新することになります。よって、改正民法が施行された令和２年４月１日以降に保証契約を更新したとしても、従前どおり、極度額の書面等による合意をする必要がないのか、それとも、改正民法施行後に契約を更新するということは、更新後の契約は新規契約とみなされて、改正民法が適用され、更新の際には極度額を書面で合意する必要があるのかという点は大きな問題です。

江口弁護士

家主
大阪健太

　その点は、我々不動産オーナーにとっては重要な問題ですが、改正民法にはどちらになるかは示されていないのですか。

　改正民法附則第21条１項によると、保証債務に関する経過措置として、「施行日前に締結された保証契約に係る保証債務については、なお従前の例による。」と定められています。したがって、現在締結済の不動産の賃貸借契約の連帯保証契約は、改正民法施行後も「従前の例による」とされているため、極度額を定めていなくとも連帯保証契約は有効と解されます。

江口弁護士

　これに対し、改正民法施行後に新たに締結する連帯保証契約には、必ず極度額を書面又は電磁的方法により合意することが必要になります。

　問題となるのは、改正民法が施行される前からの連帯保証契約で、改正民法施行後に連帯保証契約を更新する場合ですが、これについては、

解釈が分かれているようです。法務省の見解は、改正民法施行後に保証契約を更新した場合、更新後の保証契約には、改正民法施行後に新たに保証契約を締結したものとして改正民法が適用されるとの見解のようです。つまり、法務省の見解によれば、令和2年4月1日以降に、更新契約を締結した保証契約は極度額の定めがなければ無効になるということになります。

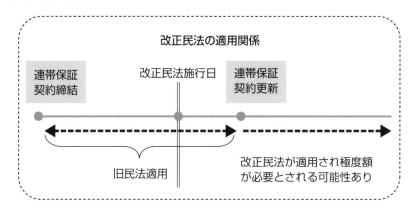

なるほど……。ですが、私たち不動産オーナーは、保証人との連帯保証契約について更新契約を締結することはほとんどありません。大部分は、賃貸借契約書に、賃貸借契約が自動更新すると書かれていますので、何も契約締結しなくても、自動的に賃貸借契約が更新され、保証人は自動更新後の賃借人の債務についても連帯保証責任を負うものと考えてきました。改正民法が適用される令和2年4月1日以降に自動更新された場合でも、連帯保証契約に極度額を定めなければ契約は無効になるのでしょうか。

家主
大阪健太

　その点は大丈夫です。自動更新ということは、新たに更新契約の締結を行うものとはいえないと考えられますので、自動更新された場合には改正民法は適用されないと考えてよいと思います。ただし、これと反対の見解もないわけではないので、今後

江口弁護士

の動向に注意しておいてください。

家主
大阪健太

　なるほど、その点は分かりました。ところで、極度額とし
てどの程度の金額を定めなければならないのか、何かルール
はあるのでしょうか。仮に、私の設定した極度額が周りの相
場に比べて極端に高額であった場合、あるいは極端に低額で
あったという場合には、何か税務上、問題となるのでしょう
か。

　前半の問題は、私の方からお答えしましょう。極度額につ
いては、保証人の責任限度額として、賃貸人と保証人が合意
した金額を記載することになりますので、特に「極度額はこ

江口弁護士

れ以上の金額にしなさい」というようなルールは何もありません。ただ、
連帯保証人の保証範囲は家賃支払債務に限られません。賃借人の失火に
より賃貸建物が焼失した場合の損害賠償債務や、貸室内で自殺をした場
合には当該居室は少なくとも１～２年程度は通常の賃料では賃貸できな
くなりますので、その場合の損害賠償債務や、原状回復債務の不履行分
も含まれます。これらを考慮すると、賃貸オーナーとしては、賃貸借の
連帯保証人の極度額は多ければ多いに越したことはないのですが、高額
の極度額では、連帯保証人となることを拒絶する方も出るのではないで
しょうか。こうしたことを考慮した上で、極度額をいくらと定めるのか
の検討を行うことが必要だと思います。一般的には、住居系賃貸借の連
帯保証人の極度額は、賃料の１～２年分程度とするケースが多いのでは
ないかと思われます。

　税務は権利確定主義なので、いくら賃借人の保証人になろ
うとも、限度額が高額であろうとも、実際に保証債務を履行
しない限り課税関係は発生しませんのでご安心ください。

坪多税理士

家主
大阪健太

　なるほど、お二人の先生のご説明を伺って、極度額というも
のが何となく分かってきたような気がします。連帯保証に関
して、これ以外にも注意しておいた方がよいことはありますか。

248

保証人に対する情報提供義務

　賃貸借の連帯保証に関して、改正民法では新たに保証人に
対する「情報提供義務」が規定されましたので、この点も賃貸
オーナーの皆様には是非とも知っておいていただきたいです。

江口弁護士

家主
大阪健太

**じょうほう・ていきょうぎむ…？　何ですか、それは。家
主が何か新しい義務を負わされるという話なのですか。**

　そのとおりなのです。保証契約の締結に当たって、保証人
に対して、誰が、どのような情報を提供し、どのような事項
を説明しなければならないかということについて、改正前民
法においては特別な規定は設けられていませんでした。改正民法では、
想定外の高額の保証債務を負担するという事態から保証人を保護し、保
証人が保証契約のリスクを正しく認識できるようにするため、保証契約
の進行段階に応じて、保証人に対する情報提供義務を定めています。賃
貸借の関連では、2種類の情報提供義務に注意する必要があります。

江口弁護士

保証人に対する2種類の情報提供義務
1　保証契約締結時における事業のために負担する債務の**個人根保証契約**における**主たる債務者**の保証人に対する情報提供義務
➤債権者が提供義務違反を知り、知り得るべきときは保証人は保証契約を取り消すことができる。
2　保証契約期間中における、委託を受けた保証人全般（**個人・法人を問わない**）に対する**債権者**の情報提供義務
➤違反に対する明文規定は設けられていない。

家主
大阪健太

**1番目の情報提供義務は、賃貸アパートの賃貸人には何か
関係があるものですか。**

これは「事業のために負担する債務の個人根保証契約」の
場合です。賃貸アパートの賃借人は、自宅として居住する目
的で賃貸借契約を締結するので、「事業のために負担する債
務」を負うわけではありません。ですから、この情報提供義務は賃貸ア
パートの連帯保証人には適用されません。しかし、事業用の賃貸、例え
ば貸ビルの賃貸借契約の場合、テナントは事業のために賃貸借契約を締
結しますので、貸ビル賃貸借契約の賃借人（主たる債務者となります）
は事業のために賃貸借上の債務を負担しますし、その連帯保証人が個人
である場合には、「事業のために負担する債務の個人根保証契約」に該当
します。したがって、この情報提供義務は、アパートの賃貸借の連帯保
証には適用されませんが、貸ビル等の事業系賃貸借の連帯保証人には適
用されることに注意してください。

家主
大阪健太

　　　　　　私は、店舗用の建物の賃貸業も行っていますので、その場
　　　　　　合には、この情報提供義務が適用されるのですね。この情報
　　　　　　提供義務の内容はどういうものですか。

　これは、主たる債務者、つまりは貸ビル賃貸借契約の賃借
人であるテナントが、保証人（個人）に対して情報提供する
義務があるということです。提供すべき情報とは、テナント
の資産状況や担保の状況等、保証人が、テナントの賃貸人に対する賃料
支払債務等の履行能力があるか否かを判断するための情報です。

【事業のための契約等における債務者の個人保証人に対する情報提供】
① 主たる債務者の財産及び収支の状況
② 主たる債務以外に負担している債務の有無並びにその額及び履行状況
③ 主たる債務の担保として他に提供し、又は提供しようとするものがあると
　きはその旨及び内容

家主
大阪健太

　　　　　　これは、テナントとその保証人間の問題ですから、家主に
　　　　　　は関係がない話ですね。

　そうとはいえないのです。賃借人（テナント）がこの個人
の保証人に対する情報提供義務を履行しなかった場合のペナ
ルティは、情報提供をしなかった賃借人（テナント）が受け
るのではなく、賃貸人が受けることになっているからです。賃借人が個
人の保証人に対して情報提供義務を適切に履行していないことを賃貸人
が知っているか、あるいは、それを知ることができた場合には、保証人
は賃貸人との保証契約を取り消すことができるとされているのです。

家主
大阪健太

**　それは、ちょっと納得できないですね。情報提供義務に違
反した者がペナルティを受けるのではなく、義務違反をして
いないオーナーがペナルティを受けるというのは、不公平な
気がします。**

　改正民法でこの規定を設けることについては反対意見も述
べられたのですが、賃借人が情報提供義務違反をしている事
実について、賃貸人が故意であるか、あるいは過失があるか
の判定は困難であるため、やむを得ないと考えられたようです。いずれ
にしても、賃貸人としてはこの規定によって、保証契約が取り消されな
いように対応する必要があります。

家主
大阪健太

**　でも、どうすれば、保証契約が取り消されないようにする
ことができるのでしょうか。**

　これについては、最近よく用いられている「表明保証条項」
を活用しましょう。要は、賃借人から保証人に対して確実に
情報提供が行われればよいのですから、賃借人との賃貸借契
約書に、「賃借人は保証人に対し、賃借人の資産、負債の状況、担保の状
況等について正確に情報提供を行ったことを表明し保証したうえで、本
件建物賃貸借契約を締結する」との旨を記載しておくことです。
　賃貸人と保証人との間では、「保証人は賃借人から、賃借人の資産、負
債の状況、担保の状況等について必要な情報提供を受けたことを表明し

保証したうえで、本件連帯保証契約を締結する」との趣旨を記載しておくことだと思います。

家主
大阪健太

なるほど、やはり改正民法の下では、契約書をどのように作成するかが重要になるのですね。よく分かりました。もう一つの情報提供義務はどのようなものですか。

もう一つは、保証人が賃借人から委託されて保証人となっている場合の情報提供義務です。この場合は、保証人は個人でも法人でも構いません。

江口弁護士

要するに、委託を受けた保証人から賃貸人に対し、賃借人がきちんと家賃等を支払っていますかとの問合せがあった時は、賃貸人は、賃借人の債務の履行状況についての情報提供をしなければならないというものです。

| 委託を受けた保証人からの要求 | | 賃貸人は、賃借人の債務の履行状況について情報提供義務がある。 |

賃貸人が提供する情報の内容
①賃借人が滞納しているか否か
②滞納している金額等

家主
大阪健太

江口先生、そんな情報提供をして大丈夫なのですか。家賃を滞納しているかどうかというのは個人情報だし、プライベートな問題ですよね。そんなことを、保証人とはいえ賃借人以外の人に情報提供することは、個人情報保護法違反や賃借人のプライバシー侵害であり、また家主としての守秘義務にも違反するのではないのでしょうか。

確かにその点の配慮は必要ですね。ただ、この情報提供義務の規定は、賃貸人の守秘義務を解除する条文であると位置づけられています。この条文は、債務者が債務を履行しなけ

江口弁護士

れば、保証人自らが責任を負う立場にあるので、債務者の履行状況を知る必要性があるということを背景に立法化されたものです。したがって、賃貸人は改正民法に定められた事項について情報提供する限り、その責任を問われないということになっています。賃貸人が保証人に提供する情報の内容は正確にいうと、次のようなものになります。

改正民法第458条の2（主たる債務の履行状況に関する情報の提供義務）

　保証人が主たる債務者の委託を受けて保証をした場合において、**保証人の請求があったとき**は、債務者は、保証人に対し、遅滞なく、主たる債務の元本及び主たる債務に関する利息、違約金、損害賠償その他その債務に従たる全てのものについての**不履行の有無並びにこれらの残額及びそのうち弁済期が到来しているものの額に関する情報を提供**しなければならない。

　いずれにしても、賃貸人の方は、必要以上の情報提供をしないこと、民法で定められたこと以外の情報を提供して、個人情報保護法違反やプライバシー侵害と非難されることのないよう注意することが必要だと思います。

情報提供の際に注意すべきこと
①プライバシー侵害にならないようにする。
②個人情報であるため、必要以上に話をしない。

家主
大阪健太

　なるほど、改正民法のもとでは、このようないろいろな点についての配慮が必要になるのがよく分かりました。戻ったら、契約書をチェックし、保証人や保証金額、修繕義務の有無などの一覧表を作成し、改正民法に対応したいと思います。先生、今後ともよろしくお願い申し上げます。

　1人の借家人が認知症になってしまい、意思が通じず家賃も滞っています。また、別の借家人は失業してしまい、数か月以上家賃を払ってくれません。いったいどうしたらよいのでしょうか。また、支払ってもらえない家賃に対する税務上の取扱いはどうなっているのでしょうか。非常に困っています。

家主
兵庫太郎

　要介護5の認定を受けた借家人が、家賃を持ってきてくれなくなりました。このままだと、集金もできないし、退去してもらうこともできないのですが、どうすればよいのでしょうか。

入居者の認知症と賃貸借契約

江口弁護士

　賃貸借契約を交わした相手方が認知症になった場合、家賃も払ってくれなくなることが多いですし、だからといって退去の話合いも思うように進めることができません。貸主としては頭の痛い話です。

　こうした事態が発生した場合に、まず最初に考えることは、今後、誰とこの問題について話し合っていけばよいかということです。借家人本人が認知症であるということですが、ひとくちに認知症といっても、その症状はさまざまであり、その程度によって、誰と話し合うのかについて違いが生じてきます。

家主
兵庫太郎

　認知症の症状の度合いによって、誰と話し合うのかが違うことは知りませんでした。それでは症状の程度によって、誰とどのように交渉すればよいのか教えてください。

借家人の精神障害の程度

　精神上の障害によって、物事の判断ができなくなり、経済的な損得や物事の是非の判断がつかなくなる状態である場合は、一般的に有効な法律行為をする能力（意思能力）を欠いているものとされ、その人がそのような状態である時に契約しても無効であると解されています。例えば、借家人が高齢になり精神上の障害によって意思能力を喪失している時に、借家人との間で滞納を原因として家屋を明け渡しますとの覚書を締結したとしても、後日、借家人の親戚等から、そのような覚書は無効であると主張されることがあり得ます。改正民法第98条の2は、「意思表示の相手方がその意思表示を受けた時に意思能力を有しなかったとき……は、その意思表示をもってその相手方に対抗することができない。」と定めています。その意味では、滞納の処理や明渡しに関する覚書を締結する場合には、相手方の意思能力が十分に認められるか否かを判断しなければならないわけです。

　しかし、人の精神状態は必ずしも一様ではありませんから、時によっては、その人が正常な判断能力を有している時期もあれば、全く判断能力がない時期もある、という場合もあり得ます。

　また、意思能力がないわけではありませんが、通常の人に比べてその能力が著しく不十分である場合や、著しいとはいえないが能力が不十分であるという場合など、その状態はさまざまです。

　ところが、契約を締結するときに、その人の精神状態がどうであったかということは、外から見て必ずしも分かるわけではありませんので、契約を締結した後になって、「あの時は意思能力がなかったから契約は無効だ」といわれる可能性があると安心して契約ができません。

　そこで、精神上の障害によって、物事の判断ができなくなり、経済的な損得や物事の是非の判断がつかなくなる状態が日常的にみられる人については「成年後見」の制度を、その判断能力が著しく不十分な場合には「保佐」を、能力が不十分な人には「補助」の制度が認められています。

江口弁護士

家主
兵庫太郎

　つまり、判断がつかなくなる状態が日常的にみられる人に関しては、本人でなく成年後見人と話し合うことになるのですね。この成年後見人の制度は、どのようにすれば利用できるのでしょうか。

成年後見制度

江口弁護士

　精神上の障害によって、物事の判断ができなくなり、経済的な損得や物事の是非の判断がつかなくなる状態が日常的に見られる人については、家庭裁判所の審判手続により、「後見開始の審判」をして、その人と取引をしても後日に契約が取り消されることがあるということを明確にすると同時に、その人には後見人を付して、後見人を通じて安心して取引ができるようにしておくことが行われています。これが「成年後見制度」といわれるものです。したがって、意思能力のない借家人に対する家賃の請求や立退きの交渉等については、成年後見人を相手方として行えば安心です。

　成年後見の申立ては、本人、配偶者、四親等内の親族等又は検察官の請求により行われます。ここでは省略しますが、「保佐」、「補助」もほぼ同様です。逆にいえば、借家人が認知症になって判断能力が疑われるという場合でも、貸主側には成年後見や保佐、補助の申立権はないということです。

　借家人が認知症で意思能力がないことが疑われる場合には、配偶者や四親等内の親族に連絡して、成年後見等の手続を行ってもらうことが必要です。もし、親族等が身近にいない場合には、市区町村に連絡をし、本人の保護について相談して、成年後見の申立てがなされるように配慮してもらうことも可能です。

　私が認知症になることも考えられますが、その場合は成年後見人を選任して貸家経営をしてもらうことになるのですね。もし私が被後見人になった場合に、税務上何か困ることはありますか。

家主
兵庫太郎

成年後見と税務

　認知症になって、物事の判断ができなくなってしまったと
されると、税務上もその人の意思に基づく行為はなかったも
のとされます。

坪多税理士

　特に、成年後見人が選任されますと、民法上のみならず税務上も、養子縁組や贈与については当事者の意思が確認できないとして、課税当局が認めてくれないでしょう。被後見人に役立つことしか家庭裁判所は後見人の行為を認めてくれませんので、結果として相続財産を減少させることになる、いろいろな相続税対策は、意思がはっきりしているうちに行うことが必要でしょう。

家主
兵庫太郎

　なるほど、よく分かりました。発症するのが誰であれ、認知症になられた場合の対応はなかなか大変そうですね。

　では、成年後見人と交渉するにせよ、家賃の払えない失業した借家人と話し合うにせよ、まず未払家賃を払ってもらえるようにするには、どのような手順を踏めばよいのでしょうか。

滞納家賃の督促と賃貸借契約の解除

　アパートを経営する側にとって、家賃の滞納はアパート経
営の経済的意義を失わせてしまうものですから、滞納が継続
するようであれば入居者に退去を求めざるを得なくなる重大
な問題です。

江口弁護士

1　適切な家賃の督促

　滞納が発生した場合、まず最初に行うことは、滞納家賃の督促をきちんと行うことです。電話や書面で督促するとともに、それでも滞納がさらに続くのであれば、面談することも必要です。

　面談の際に重要なことは、滞納の原因が何かをきちんと尋ねて確認しておくということです。滞納の原因が、入居者に突発的な資金の必要性が生じたなどのように一時的なものであって、すぐに滞納が解消できるという見通しが得られるのか、それとも入居者が経済的に困窮した状態

にあり、今後も滞納が解消する見込みがないのかを見分けるためです。

　滞納の原因が一時的なものであれば問題は少ないのですが、滞納が今後も解消する見通しがないという場合は、貸主にとっても、借主にとっても、このまま推移することはお互いの利益になりません。賃貸借契約を解消する方向で動く必要があります。

　家賃の滞納は、入居者の契約不履行ですから、滞納の程度がひどい場合には相当期間を定めた催告をし、催告期間内に入金がない場合には賃貸借契約を解除することができます（改正民法541）。相手方の契約違反を理由とする解除ですから、家賃滞納を理由とする立退きの請求には、借地借家法に定める「正当事由」を具備する必要がないのです。

家主
兵庫太郎

　適切な催促をしても家賃を払ってくれない借家人には、契約を解除して、退去してもらいたいと思っていますが、今の説明によれば、それは法律上認められるのですね。

2　家賃の滞納と建物賃貸借契約の解除

　１か月分の家賃の滞納でも、賃貸借契約に違反していることは事実なのですが、法律上、１か月分の滞納では賃貸借契約は解除できないものとされています。その理由は、賃貸借契約の解除の有効性を判断する裁判所では、「信頼関係破壊理論」を採用していて、たとえ契約違反があったとしても、当事者間の信頼関係を破壊する程度の契約違反がなければ賃貸借契約の解除は認めないとの判断を示しているからです。

江口弁護士

　貸主の方からすれば、たとえ１か月の滞納であっても、信頼関係は十分に壊れているという気持ちがあるかもしれませんが、建物賃貸借契約は長期間の継続的な法律関係ですので、長い期間の間には、借家人の側も経済事情が一時的に悪化して、支払う意思はあっても、不本意ながら経済的に支払能力がないという場合もあり得ます。ですから、たった１度の賃料支払の遅れでは解除は認められないというのが裁判所の考え方なのです。

①　信頼関係の破壊が認められる家賃の滞納

　それでは、どの程度の滞納があれば信頼関係の破壊が認められるのかということですが、一応の目安としては、３か月分の家賃の滞納がなされれば基本的には信頼関係が破壊されたものと判断されると考えてよいのではないかと思います。「３か月分」ですから、月額賃料の３倍の滞納金額に達した時点ということになります。

②　契約解除の前の「相当期間」を定めた催告

　３か月分の滞納がなされた場合でも、いきなり賃貸借契約を解除することは原則として認められていません。法律では、契約を解除する場合、まず相当期間を定めて家賃を支払うよう催告（督促のこと）をして、それでもなお相当期間内に家賃が支払われない場合に初めて契約を解除できるものとされているからです（前掲民法541）。

　要するに、家賃の滞納があったからといって、いきなり契約を解除するのではなく、まずは、借家人に滞納家賃を支払うチャンスを与えなければならないということです。そのチャンスを与えたにもかかわらず借家人が家賃を支払わなかった場合には契約を解除するという趣旨です。

　では、「相当期間」とはどの程度の期間を取ればよいのかということですが、一般的には１週間程度と考えてよいのではないかと思います。なお、相当期間を定めた催告は、いつこの催告の通知が借家人に到達したかということを証明する必要がありますから、必ず「配達証明付内容証明郵便」で行うようにしてください。

③　家賃の滞納が発生した場合の対応

　以上のことをまとめると、次のようになります。家賃の滞納があった場合には、まずは適切に督促を行い、滞納の原因を確認します。滞納の原因が容易に解消できるようなものではない場合には、賃貸借契約の解除に備えます。家賃の滞納が３か月に達した時点で、配達証明付内容証明郵便で、「貴殿は３か月分の家賃○○○○円を滞納しています。ついてはこの通知書が貴殿に届いた日から１週間以内に３か月分の家賃である

○○○○円をお支払いいただきますよう本書をもって催告致します。万一、上記期限内にお支払いいただけない場合には、不本意ながら、改めて通知することなく賃貸借契約を解除します。」という趣旨の書面を送付します。その期間内に滞納家賃の支払がなければ賃貸借契約は解除されることになります。

　当然ながら、この場合の賃貸借契約の解除は、借家人の側に責めに帰すべき事由がある場合ですから、借地借家法に定める正当事由を具備していなくとも、契約の解除は有効になされることになります。

**　　なるほど、このようにきちんとした手続をとれば、家賃を払ってくれない借家人との賃貸借契約は解除できるのですね。少し安心しました。でも、結局退去してくれなかったら意味がありません。強制的に退去してもらえるのですか。**

家主
兵庫太郎

3　強制的な退去の請求

　賃貸借契約が解除されれば、入居者は建物に居住を継続する権利を失います。解除通知に従って、入居者が任意に建物を明け渡してくれれば問題はありませんが、賃貸借契約を解除した後も、入居者がそのまま居座り、明渡しをしてくれない場合があります。

江口弁護士

　このような場合には、まずは入居者に対し、既に建物に居住する権利を失っていることを説明し、任意に退去してもらえるよう説得することになりますが、それでも入居者が応じない場合には法的手続をとることになります。

　具体的には、裁判所に建物明渡しを求める訴状を提出します。裁判所では裁判の期日を定めて貸主と入居者とを呼び出し、当事者の言い分を聞いたうえで判決を下します。入居者は家賃を滞納し、正式に賃貸借契約が解除されたにもかかわらず居座っているのですから、判決では建物の明渡しと未払賃料の支払が命じられることになります。

　判決が下されたにもかかわらず入居者が出て行かない場合には、判決をもとに、強制執行手続により、執行官によって実力で入居者の占有が

解かれて、貸主は最終的に明渡しを受けることができます。信頼関係を破壊する程度の家賃の滞納がなされれば、最終的には、法的手続によって、貸家の明渡しを受けられることが保障されているのです。

賃貸借契約の解除から退去までの手続はよく分かりました。しかしすぐに退去してもらえるわけにはいかないような場合、その間支払ってくれない家賃については所得税の計算上、収入としなくてもかまいませんよね。

家主
兵庫太郎

収入金額に算入すべき時期

不動産所得の収入金額を確定するうえで重要なのは、その収入金額の計上時期です。

坪多税理士

不動産所得の総収入金額には、通常の家賃・共益費のほか、更新料・礼金など不動産の貸付けに伴い生ずる収入が含まれ、その収入の計上時期は賃貸借契約で定められた支払日が原則です。

つまり、実際に支払ってくれたかどうかは税金の計算上全く考慮されず、契約上もらうことができるかどうかで課税されるのです。払ってもらえない家賃に対しても通常の所得税がかかるので、家主さんにとっては本当に頭の痛い問題です。一刻も早く未払問題を解決するしかないのです。

不動産の賃貸の際に受け取る敷金や保証金などは、原則として契約が終了したときに借主に返還しなければなりませんが、最後の退去に伴う精算の際に、その返還すべき金額を未払家賃に充当することがよくあります。その場合には、もう家賃は収入計上されているのですから、退去時には収入金額とされません。

もし、退去時に未払家賃を免除した場合には、免除額は既に収入として計上されており税金を払っているのですから、免除額は免除が確定した時に立退料に相当するとして、必要経費とすることができます。

家主
兵庫太郎

　払ってもらってなくても、もらうべき権利があるものとして税金はかかってくるのですね。では、本当に払ってくれないと課税当局が認めてくれるのはどんな場合で、税金の計算上はどう取り扱われるのですか。

貸倒処理

坪多税理士

　夜逃げなど、家賃が未払のまま連絡が取れなくなった場合には、まず家主さんとして最低限すべき回収努力をしてください。例えば、どこに行ったか探す、保証人に家賃の催促をするなどです。これらの努力を十分したことを要件に、税務は貸倒れとして認めてくれます。

　このように未収家賃が貸倒れになってしまった場合、その未収入家賃の金額は既に収入に計上されていますので、何らかの処理が必要となります。この場合、その不動産の貸付けが事業的規模（５棟10室基準）か業務的規模かにより、その経理処理の方法が異なります（第１章❺参照）。

イ．事業的規模で行われている場合の貸倒金の処理

　その貸倒れが発生した年分の必要経費に算入できます。

ロ．事業的規模で行われていない場合（業務的規模）の貸倒金の処理

　業務としての不動産の貸付けの場合、その貸倒れの金額は必要経費とはなりません。その代わりに、その未収家賃については収入金額がなかったものとして取り扱われます。また、未収家賃が昨年と今年にまたがっている場合、既に昨年分は今年の確定申告で申告が終わっていますので、昨年分については、所得金額の減少として「更正の請求」を所轄税務署長にすることができます。なお、本年分については、収入金額から除外し、来年３月に確定申告すればよいわけです。

　支払ってもらってもいない家賃に税金はかかるし、支払ってもらえないことは確定してもさまざまな手続を踏まないと必要経費にもならないし、家賃を払ってくれない借家人は家主にとって最大の困りごとです。数回の不払いでも、早め早めの対応でトラブルを大きくしないよう努力します。

家主
兵庫太郎

262

事例4　貸宅地の地代増額や物納への対応策

貸宅地の地代は非常に安く、固定資産税の2〜3倍くらいです。よって固定資産税や所得税等を払った後は、ほとんど手残りはないのですが、値上げ交渉はできるのでしょうか。また、値上げしてもらえないならば、自用地の40%で評価される相続税は払えそうもありません。どうすればよいでしょう。

地主
奈良恵子

　　　　貸宅地の地代は非常に安いのでなんとか上げてもらいたいと思っているのですが、どんな場合に請求でき、どんなケースで法的に認めてもらえるのですか。

貸宅地の地代の増額請求

　貸宅地の地代の値上げ交渉ですが、どんな場合でも値上げを請求できるわけではありません。借地借家法では、地代の増額は、土地に対する公租公課の増加、土地の価格の上昇その他の経済事情の変動により、又は近傍の同種の物件の地代に比較して不相当となったときに認められるものとしているからです（借地借家法11）。

江口弁護士

　このため、地価が上昇局面にあるときや、固定資産税が増額されたという場合には地代の増額請求が認められますが、こうした事情が認められない場合には地代の増額はかなり困難です。

　もっとも、地代増額請求訴訟の実務においては、現行地代が近傍の同種の貸宅地の地代と比べて低額であるかどうかを判断しますので、地価が上昇局面にはなく、固定資産税も増額されていないというときでも、その貸宅地の地代が近隣の地代と比べてかなり低額であるという場合には、増額が認められる可能性があります。

地主
奈良恵子

　　　　地代値上げの手続や協議は口だけで話し合ってもなかなか前に進みません。どのようにすれば前進するのでしょうか。

地代増額の手続

1 配達証明付内容証明郵便による地代増額の請求

地代の増額は、まず、借地人に地代の増額を申し入れ、借地人との協議により決定するのが原則です。地代の増額の申入れは、電話や通常の書面によるのではなく、必ず「配達証明付内容証明郵便」を用いて行うようにしてください。

その理由は、地代増額請求権を行使すると、その後に地代額を当事者間で協議し、場合によっては地代増額調停を提起したり、地代増額訴訟による判決等によって新地代が決定されることになりますが、その場合の増額の効果は地代増額請求の意思表示がなされた日にさかのぼって生ずるからです。つまり、地代の増額の請求が借地人に到達した日の1年半後に地代増額裁判の判決によって新地代が決定されたとすると、その増額の効果は1年半前の増額請求が借地人に到達した日にさかのぼりますから、1年半前から増額された地代を支払うべきだったことになります。借地人はその間に増額された地代額と実際に支払っていた地代額との差額に加え、1割の利息を付加した金額を貸主に交付することになります。このときに、増額請求の意思表示がいつ借地人に到達したかがわからないと困ってしまいます。このため、地代増額請求の意思表示がいつ借地人に到達したのかが誰の目にもわかるように配達証明付きの内容証明郵便を用いるのです。

地主
奈良恵子

なんとか地代の値上げについて協議するところまでこぎつけたのですが、どのように交渉したらよいのでしょうか。また、地代値上げについてまとまらないときはどうすればよいのでしょうか。

2 地代増額の協議

まずは、貸主と借地人との間で、地代の増額幅について協議を行って新地代をいくらにするかの合意の成立に努めます。その際、地価の推移や固定資産税額の推移とともに、近隣の地代相場の程度が重要な要素になります。この合意ができない場合は、

地代増額の調停や裁判を提起するしかなくなりますので、ねばり強く交渉することが大切です。

3　地代増額調停

借地人との間で話合いがまとまらなかったとしても、いきなり地代増額請求訴訟を提起することは原則として認められていません。まずは調停を提起して、調停委員会の関与のもとに、当事者間で話し合って、新地代についての合意を形成するよう努めることが求められています（民事調停法24の2①）。

この調停では、調停委員の中に1人は不動産鑑定士が選任されている場合が多いと思います。調停手続の中では、不動産鑑定士である調停委員が現地を調査し、妥当な地代額を提案することも行われています。

4　地代増額請求訴訟

貸主と借地人との間で新地代についての協議がまとまらず、調停が不成立となったときは、裁判所に地代増額請求訴訟を提起して、裁判所の判決で解決することになります。

裁判所では、訴えの提起があると、不動産鑑定士を鑑定委員として委嘱し、適正地代がいくらであるかの鑑定を命じます。裁判所は、鑑定人からこの土地の地代はいくらが適正であるかの鑑定意見を提出させたうえで、判決により最終的に適正地代を決定します。判決が確定すれば、判決で認められた地代額が、地代増額請求の内容証明郵便が借地人に到達した日に遡って増額されたものとして処理されることになります。

地主
奈良惠子

そのようにがんばって交渉して地代が上がったとしても、高額な増額は望めませんね。これでは試算してもらった相続税を、現在所有している預金では到底払えそうにありません。どのようにして相続税を払ったらよいのでしょうか。

現預金で払えない場合は物納できる

相続税を支払うのに現預金がなければ困ってしまいますね。
そこで、相続税を一時に金銭で納付できず、さらに分割払い
（延納）によっても金銭で納付することが困難な場合に限り、
金銭での納付が困難である金額の範囲内であれば、物納することができ
ます。物納可能な財産とは相続等により取得した財産で、物納できる順
位は財産の種類によって決まっています。

坪多税理士

第一順位は国債及び上場株式・不動産や登録美術品等ですから、不動
産である貸地は物納しやすいように思えますが、物納要件は売却に比べ
ると厳しく、管理や処分をすることができない貸地については物納に充
てることができないことになっています。

例えば、①抵当権等担保権が設定登記されている貸地、②借地権が誰
のものかで争いがある貸地、③境界が明らかでない貸地、④公道に通じ
ない貸地、⑤借地権者が不明である貸地等は、管理処分不適格財産とな
っており、物納することができません。

地主
奈良恵子

**良質な不動産は手元においておきたいので、管理や処分でき
ないとまではいいませんが、何かと問題のある貸地を物納
したいのですが、可能でしょうか。また、その際何か注意点
はありますか。**

物納劣後財産は物納できることもある

現預金での一時支払や分割払いができず物納ができる要件
を充足した場合、まず物納可能財産で物納することになりま
す。ただし、他に適当な価額の物納可能な財産がない場合に

坪多税理士

限って、特別、管理や処分できないわけではありませんが、問題がある
次のような物納劣後財産を物納に充てることができます。よって、

①地上権が設定されている貸地

②違法建築された建物の敷地

③道路に2ｍ以上接していない貸地

④建物の建築をすることができない貸地等の物納劣後財産

266

　これらの物納劣後財産は他に適当な財産がない場合にしか物納に充てることができません。

　　　いろいろな要件がありますが貸地であっても物納できることが分かり、一安心です。何とか相続までに、物納要件を充足して貸地を物納できるよう事前準備をしておこうと思います。どんな点に注意すればよいのでしょうか。

地主
奈良恵子

貸宅地を物納する場合の注意点

　前に述べたように、貸宅地の物納要件は非常に厳しいです。相続が発生してから慌てて物納要件を充足しようとしても、申告期限まで10か月しかありませんので、間に合わないケースが多いでしょう。したがって、現預金がなくて延納も不可能と思われる相続人は、相続が起こる前に貸宅地の物納要件を満たすように事前準備しておく必要があります。

坪多税理士

　例えば、①抵当権を他の不動産に移し替える、②不動産の権利帰属の争いを終結しておく、③土地の境界を確定しておく、④無道路地に2m以上の道路づけをする、⑤借地権者を確定しておくといったことを急いで実践するべきです。

　また、建築できないような物納劣後財産に該当する貸地をどうしても物納したいときには、遺産分割に工夫をして、その貸地を取得した相続人がその財産の物納以外に納税の方法がないようにしておくのも、賢い方法でしょう。

　　　いろいろ教えてもらい、長年の貸地は、地代の改定や借地権の帰属についておざなりに放っておくと、子や孫などが非常に困ることになるのがよく分かりました。１番大きな問題である相続税のことも考えると、早いうちから権利をきちんと整理し、どう対処すべきか判断して行動をすることが大切なのだと分かりました。

地主
奈良恵子

　早速、検討に取りかかろうと思います。

　私（大阪健太）は昔から多数の賃貸物件を所有していますが、債権法の改正で、建物の修繕などに関していろいろな影響があると聞いています。債権法の改正点や税金について、老朽貸家の所有者としてはどのような点に気をつければよいのでしょうか。

家主
大阪健太

　民法（債権法）に関して、大幅な改正が行われたと耳にしました。まず、どのような改正が行われたのか、改正内容の概要をお聞かせください。また、今回の改正を受けて、不動産オーナーが何か対応をする必要があるのかについてもお伺いしたいのですが。

　今回の民法（債権法）の改正は、明治29年に民法典が制定されてから、約120年ぶりに抜本的な見直しが行われたものです。5編からなる民法典のうち、第1編の総則の一部の規定の見直しと、第3編の債権編の全面的かつ大幅な見直しが行われました。

江口弁護士

　第3編の債権編は、債権に関する基本的なルールを定めた規定のほかに、売買、賃貸借、委任、請負契約といった13種類の契約類型についての規律が定められている部分です。したがって、今回の民法（債権法）の改正では、賃貸借契約に関するルールについても、重大な変更がなされています。改正民法は令和2年4月1日から施行されていますので、賃貸オーナーの皆様は、賃貸借に関するどのようなルールが新しく制定されたのか、それに対してどのように対応すべきかを確認する必要があります。

家主
大阪健太

　なるほど、賃貸借契約についてもルールが変更になったということなのですね。具体的に、賃貸借契約についてはどのような点が大きく変わったのでしょうか。

　いくつか重要な変更点があります。まずは、賃貸アパート
等の修繕に関する改正についてご説明します。修繕について
は、老朽家屋の場合には修繕したからといって家賃もそれほ
ど高額にはできませんし、安い家賃なのだから、せめて修繕くらいは入
居者の方でやってもらいたいと考えるのはもっともな面もあります。そ
こで、入居者に修繕をしてもらった場合に、何か問題があるのかという
ことですが、まず考えておくべきことは、法律上は誰が賃貸家屋の修繕
義務を負っているのかということなのです。

　もし、貸主に賃貸家屋の修繕義務が法律上あるとすると、入居者に修
繕してもらった場合には、後日に、入居者から貸主に対して、「修繕を貸
主に代わって行ったので、立て替えた修繕費を支払ってほしい」という
請求がくることになります。修繕義務が誰にあるのかは非常に重要な問
題なのです。

家主
大阪健太

　**そうはいっても修繕義務が誰にあるのかなんてことは、考
えたことがありません。**
　どんなふうに法律では決まっているのでしょうか。

民法に定める修繕義務

　民法では、賃貸家屋の修繕義務は貸主にあると定めていま
す（改正民法606①）。これは、家賃を徴収して建物を貸してい
る以上は、建物を使用収益するのに適する状態にして賃貸す
るのが当たり前であるという考え方に基づいています。この点について
は、改正前民法も改正民法も同じです。

　まず、賃貸家屋の修繕義務は家主にあるという原則を覚えておきまし
ょう。したがって、貸家の家賃は、修繕義務が家主にあることを念頭に
おいて決めることが本来は必要なのです。

家主
大阪健太

　**そうなんですか。こんなに安い家賃なのに、私に修繕義務が
あるのですか。少しがっかりしました。でも、友人の家主は入居
者に修繕してもらっていましたよ。どうしてなんでしょうか。**

契約による修繕義務の扱い

　実際の家賃は近隣相場で決まってしまいますから、修繕義
務を念頭に置いて家賃を決めるなどということは実際には行
われていないほうが多いかもしれません。

江口弁護士

　特に、家賃が安い物件では、せめて修繕費用くらいは入居者が負担し
てほしいというケースも少なくありません。そのような場合に、修繕義
務を入居者が負担するということは禁止されているのかといえば、そん
なことはありません。修繕義務に関する民法の規定は絶対的なものでは
なく、賃貸借契約で「本物件は家賃が安く設定してあるので、修繕義務
は貸主ではなく入居者が負担する」ということを定めれば、有効な特約
になります。貸主は修繕義務を負わなくてもよいのです。要は、家賃と
の兼合いによる契約の問題なのです。

　ただし、家賃との兼合いだといっても、家賃が安ければ貸主には修繕
義務がないということではありません。あくまでも、賃貸借契約におい
て、修繕義務を貸主は負わず、入居者が修繕義務を負うことの約束が成
立した場合にのみ、その約束に従うということに過ぎませんので注意し
てください。

　したがって、修繕を入居者にやってもらうことができるかを判断する
ためには、まず賃貸借契約書を読み返してみることが大切です。

　法律的には、修繕は原則として貸主の負担ですが、賃貸借契約書に入
居者が負担すると書いてあれば貸主は修繕義務を負わないということに
なります。実際に修繕を行うか否かは、こうした法律上の検討と、税務
上の処理を考慮して、どちらが得かを判断して行うことになるのです。

賃借人の修繕権の明文化

　さらに、今回の民法改正で注目すべきことは、賃借人の修
繕権が明文化されたということです。賃貸アパート等が修繕
が必要な状態となった場合に、賃借人が賃貸人に対して修繕
を要求し、相当期間内に賃貸人が修繕をしなかった場合や急迫の事情が
ある場合などには、賃借人が自ら必要な修繕を行うことができる旨が改

江口弁護士

正民法で明文化されました（改正民法607の２）。

家主
大阪健太

　ちょっと待ってください。賃借人がアパートの修繕を行うと言われましたが、アパートはオーナーである私の所有物です。修繕するもしないも、それは所有者である私の意思により決まることで、アパートの所有権も持っていない賃借人が、私の意思に反してアパートを修繕できるなんてあり得ないでしょう。そんなことが本当に民法で定められたのですか。

　まぁ、落ち着いてください。これは無条件に認められたものではなく、一定の条件の下で初めて認められるものです。まず、客観的に修繕が必要であるという状態が存在していることが条件です。ただ単に、賃借人から修繕してほしいと要求されて相当期間を経過しても、賃借人が修繕権を行使できるとは限りません。賃借人の修繕要求が正当ではない場合もあり得ます。あくまでも、客観的に賃貸建物の修繕が必要であると判断される状況にあることが前提となります。また、客観的に賃貸建物の修繕が必要であると判断される状況にある場合でも、賃借人がいきなり勝手に修繕権を行使できるわけではありません。

江口弁護士

　賃借人が賃貸人に対して修繕を求め、あるいは賃貸人が修繕が必要であることを知っているにもかかわらず相当期間内に修繕をしなかった場合や急迫の事情がある場合に、初めて修繕権を行使できることになります。

家主
大阪健太

　なるほど、家主としても、修繕が必要となった状態を放置すれば建物が傷んできて、結局損をするのは家主ですから、これはこれでありかもしれないですね。私たちオーナーは、賃貸中の建物の貸室内の状況を普段は見ることができませんので、賃借人から修繕要求をしてもらわないと、修繕が必要かどうかも分かりませんからね。

そのとおりです。ただ、ここで問題となるのは、賃借人が修繕権を行使した場合の修繕費用なのですが、最終的には賃貸人の方が負担することになるという点です。その理由は、

江口弁護士

賃貸アパート等の修繕義務は賃貸人が負っているからです。本来、賃貸人が修繕義務を負っているところを、賃借人が代わって修繕をしたのだから、その費用は最終的にはオーナーが負担するということになります。

家主
大阪健太

なるほど、理屈はそうかもしれませんが、そうすると少し困った問題が起きないでしょうか。修繕にも色々とグレードがあると思うのですが、最低限の修繕ではなく、かなりハイグレードの修繕をされてしまった場合とか、あるいは、賃借人が行ったのは修繕の範囲を超えて、改良、改善行為であったという場合もあり得ると思います。そのような場合には結局、修繕権を行使した費用を支払え、支払わない、というトラブルを生じることが危惧されますが、いかがでしょうか。

たしかに、そうした紛争が生ずることもあり得るかもしれません。そのような場合に備えて、賃借人が濫用的な修繕をすることがないように、賃貸借契約書を工夫しておくことも必要かもしれませんね。

江口弁護士

それは私たち家主が考えなければならないことですね。賃借人と揉め事を起こすことは本意ではありません。できれば、良好な関係を築きたいと思っていますので、修繕についてのトラブルが生じることは避けたいところです。

家主
大阪健太

そうですね。例えば、賃貸借契約書において、賃借人が修繕権を行使する場合には、修繕の範囲は従前の貸室の状態に回復する範囲に限られることを確認的に規定しておくことや、

江口弁護士

これから行おうとする修繕の見積書を事前に賃貸人に対して提示することを義務付け、賃貸人が事前に修繕内容を確認できるようにしておくこと等が考えられます。

家主
大阪健太

　　法律上のことは理解できましたので、早速契約書の内容を検討するようにしたいと思います。ただ、老朽貸家を修繕することが税務上はどのように取り扱われるのかがよく分かりません。やはり、一番心配なのは相続税ですので、老朽貸家の相続税法上の問題点を教えてください。

老朽家屋についても固定資産税評価額で評価される

　　家屋の相続税評価額は第1章❾で説明したように固定資産税評価額となっており、貸家はさらに借家権を控除できます。ただし、老朽化しても家屋の固定資産税評価額は3年ごとの評価替えの年に、再建築価額に基づき減価償却して評価し直されることになっていますので、毎年評価が下がり続けるものではありません。近い将来、取り壊さなくてはならないような老朽家屋についても、再建築価額から考慮して評価額が付されるため、思った以上に高い固定資産税評価額となっていることが多いようです。

坪多税理士

家主
大阪健太

　　修理してくれと迫られている老朽貸家にもそんな高い評価がつくなんて心外です。家主としては修理して、また評価額が上がって税金負担が増えるなら、修繕は堪忍してもらいたいというのが本音です。修繕したら相続税評価額はどうなるのでしょうか。

現状復帰のための修繕は相続税評価額を上昇させない

　　老朽家屋はあちこちの設備に問題が生じ、つぎつぎ修繕を行う必要が出てきます。江口弁護士のお話にあったように、原則は家主さんに修繕義務があります。契約により入居者に負担してもらうこともできるようですが、家主さんが修繕をきちんと行うことは、税法上家主さんにとって不利にはなりません。というのは、原状復帰のための修繕をしたからといっても資産価値が上がるわけではないとして、修繕の有無は家屋の固定資産税評価額に考慮されないため、税金負担増の心配をする必要がないのです。

坪多税理士

さらに、その貸家の敷地の相続税評価ですが、貸家がしっかり修繕されて世間相場の家賃をもらっている場合と、修繕がほとんどされておらず世間相場の家賃をもらうことができない場合を比較しても、宅地の相続税評価額は路線価を基準としていますので、家賃が低くともどちらも同一となり、現状復帰のための修繕をしたからといって資産価値が上がらない限り、不動産にかかる相続税の負担が増えることはありません。ご安心ください。

家主
大阪健太

　確認したところ、私の場合、法律上も契約上も家主に修繕義務があるようです。
　修繕したからといって相続税も固定資産税も税金負担が増加しないようですので、思い切って修繕は私自身で行おうと思います。その代わりに、家賃は少し値上げするつもりです。後継者である娘は、喜んでくれるでしょうか。

適正家賃をきちんと貰える関係が最高の相続税対策

　契約や話合いにより、家賃を少し値下げする代わりに借家人に自分で修繕費を負担してもらう家主さんがいます。また、大阪さんのように、きちんと修繕する代わりに家賃の値下げ

坪多税理士

には応じず、反対に少額の値上げを交渉する家主さんもいます。修繕を賃貸人と賃借人のどちらが行っても固定資産税評価額は据え置かれたままですので、どちらの家主さんも相続税評価額は同一ですが、後継者にとっては相続後の家賃収入が異なります。

　老朽家屋の大修繕が終わってこれからは修繕費があまりかからない建物を相続する場合には、家主さんが修繕費を負担したため、預金という相続財産が減少していますが、家屋と宅地の評価は上がりませんので相続税が減少します。したがって、近い将来に必要不可欠な多額の支出となる大修繕を生前に家主さんが行っておくことは、後継者にとっては非常にありがたい側面があります。

　修繕がほとんどされておらず相続後に多額の資金負担が想定できる老朽家屋を相続する場合には、後継者は相続後、多額の修理費を負担しな

ければならないにもかかわらず、老朽貸家の評価額は修繕された貸家の評価額と同一なので同額の相続税を負担しなければならないのです。

　後継者にとっては、相続後の家賃収入こそが家を守っていくための大きな支えです。家主として不可欠な修繕を行い貸家の財産価値を守るとともに、適正家賃を確保できる賃借人との関係を確保しておくことが、結果として最高の相続税対策といえるでしょう。

家主
大阪健太

　私の場合には修繕義務について、契約で特別に取り決めているわけではないので、家主が修繕するしかないと思います。いろいろ聞いていると、修繕して少しでも家賃を上げてもらう方法が税務上は一番よいのだなと思いました。きちんと修繕をして、借家人ときっちり話合いをして家賃の値上げ交渉をしたいと思います。

事例6 　老朽貸家の立退き・建替えへの対応策

> 　古い貸家について消防署から勧告を受け、安全のために何とか手を打たなければなりません。しかし修理するには大変で、金額も非常に高額となります。思い切って今の入居者に立ち退いてもらい新築することを考えていますが、立ち退いてもらうにはどうすればよいのでしょうか。また、立退きには、高額な費用が何かとかかると聞きますが、これらの費用をかけても建て替えたほうがよいか悩んでいます。

家主
滋賀良子

　　消防署に勧告を受けたのですから、借家人が自分で修繕するか、退去してくれるといいなと思います。そんな要求はできないのでしょうか。

貸家の老朽化に対する対応手段

　確かに、貸家が老朽化して消防署からも勧告を受けるほどの問題が生じてくれば、家主さんとしても何とか手を打たなければならないのですが、こうした場合の対策は限られているのです。

江口弁護士

　貸家が老朽化して問題を生じてきたときに講ずる手段は、①問題を解消するために修繕を行う、②入居者の方に出ていってもらって貸家を建て替えてしまう、③貸家経営をやめて貸家を取り壊すか、売却するのいずれかです。

家主
滋賀良子

　　「修繕を行う」、「入居者に出ていってもらって建て替える」、「貸家を取り壊すか、売却する」の３つの選択肢はどれも大変そうで、なかなか決断できません。それぞれの対応について教えてください。

修繕による対応

江口弁護士

　まず①の問題を解消するために修繕を行うという方法です
が、この方法を採るときに最も問題となることは、修繕を行
うことのコストパフォーマンスです。修繕費用がさほど高額
ではなく、修繕することにより消防法上の問題が解消し、空室がなくな
ったり、より高い家賃を受け取ることが可能になるなど、修繕費用を
かけただけの価値と見返りが得られるのであれば、迷わず修繕を行うべき
でしょう。これには誰も異論はないと思います。

家主
滋賀良子

**修繕費用と新築費用を比較すると、修繕費のほうが一般的
には安いと思いますが、経済効率はどうなのでしょうか。**

新築費用との比較

江口弁護士

　そうですね。問題は、老朽貸家の場合には、問題を解消す
るだけの修繕を行うとなると、修繕費用が高額になるにも関
わらず、高額の費用をかけたからといって新築の状態になる
わけではないことでしょう。それであれば、いっそのこと建て替えたほ
うが、よほど効率的だという場合が少なくありません。

家主
滋賀良子

**修繕費用をかけたのですから、家賃を上げられれば効率が
あがるのではないでしょうか。法律上、家賃の値上げができ
るような応援措置はないのでしょうか。**

修繕後の家賃の値上げの可能性

江口弁護士

　確かに、修繕を行えば修繕に要した費用分だけ、家賃の値
上げができるのであれば、修繕を行った意味もありますが、
実際には、家賃の値上げは簡単にできるわけではありません。
　なぜならば、借地借家法では、家賃の値上げは土地や建物の公租公課
が増加した場合や、土地建物の価格の上昇その他の経済事情の変動によ
り、又は近傍同種の家賃に比較して不相当となったときに請求できると
定められているからです（借地借家法32）。要するに経済事情の変動などに

よって、客観的に周辺の同種物件の賃料に比べて家賃が低いと判断されるような場合に家賃の値上げができるとされていますので、ただ単に修繕をしたというだけでは、なかなか家賃の値上げができないのが実情なのです。

家主
滋賀良子

　　本当に、昔から家賃の値上げには苦労ばかりしてきました。でも、消防署からも迫られ、修繕すべきか、建て替えるべきかの判断にいよいよ迫られています。どのような点に着目して判断すればよいのでしょうか。

修繕を実施するか否かの判断

　修繕を実施するかどうかは、

① 　修繕することにより消防法上の問題が解消し、空室がなくなったり、より高い家賃を受け取ることが可能になるなど、修繕費用をかけただけの価値と見返りが得られるかどうか

② 　老朽貸家を解体して建物を新築した場合とのコストパフォーマンスの比較

③ 　家賃の値上げの可能性

江口弁護士

などから判断して決めることになるのですが、もう1つの大きな要素は税金です。修繕以外の手段と比べて、税金を含めてトータルで何が一番利益になるのかという判断をして、具体的な対応を決めることになると思います。

家主
滋賀良子

　　いずれにせよ、家主にとって資金負担の苦労は尽きませんね。せめて、税金上のメリットでもあれば、思い切って決断できるのでしょうが。家主が老朽貸家を再生することに対する税務上の対応について教えてください。

　修繕するかどうかの税務上の判断は、ぜひ事例5の説明を参考にしてください。

　少しでも家賃が値上がりすれば、固定資産税評価額の変わらない修繕の場合には、修繕費負担に伴う預貯金という財産が減り、他

坪多税理士

の財産の相続税評価額は増加しないのですから、賢い相続税対策となります。税金効果も含めたうえで、キャッシュフローが成り立つかどうか、しっかりと検討してから実行してください。

家主
滋賀良子

次に「入居者に出ていってもらって建て替える」方法について教えてほしいのですが、立退きなんてことがそんなにうまく納得してもらえるのでしょうか。

入居者に退去を求めて貸家を建て替える方法

江口弁護士

高額の費用をかけて修繕するくらいなら、いっそのこと建物を建て替える方法を選択するという場合、問題は入居者の方に実際に出ていってもらうことができるのかということです。家主さんからすれば、賃貸借契約は2年あるいは3年という期間を定めているのですから、契約期間が切れれば当然出ていってもらえると考えておられる方も多いと思います。

ところが、法律では、借地や借家の契約では、契約期間が切れたからといっても賃貸借契約は原則として終了しないものとされているのです。

家主
滋賀良子

そんな勝手な解釈があるのでしょうか。今は何でも契約、契約といって、契約をきちんと守ることが非常に大事であるといわれています。不動産の賃貸借契約だけ、契約どおりに終了しないのはなぜですか。

正当事由制度

わが国の貸地や貸家契約には借地借家法が適用されています。借地借家法では、契約期間が満了しても、貸主が正当事由を備えていない限り、契約は終了しないことを定めているのです。

正当事由が認められる要件は大変厳しくなっていて、契約期間が切れたからといって正当事由が認められるわけではありません。また、老朽化したとか、修繕箇所が増えたからといって当然に正当事由が認められるわけでもありません。

消防署から勧告を受けたということも、勧告の内容が問題なのであって、消防署から勧告を受けたから当然に立退きを求める正当事由が認められるというわけではないのです。法律では、正当事由とは、貸主がその建物を使う必要性と借主がその建物を使う必要性とどちらが高いかといった建物使用の必要性の比較衡量を基本として、その他建物の老朽化の度合いや立退料が提供されたか否か等の補充的な事情を総合考慮して決められることになっています。建物使用の必要性を比較することが基本的な要素ですから、実際には、相当の立退料を交付しない限り、正当事由が認められることは極めて稀であるといってよいと思います。

家主
滋賀良子

　　消防署の勧告を受けたという、私からみると公的な理由にもかかわらず、正当事由が認められないなんてショックです。正当事由が認められないと、一体どういう取扱いになるのですか。

法定更新制度

　正当事由が認められれば、入居者に対する貸家からの立退請求が認められますが、正当事由が認められない場合は、貸家契約の終了が認められません。

江口弁護士

　それでは契約期間が満了した貸家契約はどうなるのかというと、貸家契約は終了できないのですが、貸主と入居者との間では契約の更新は行われていませんので、この場合には法律が契約を更新させることになります。これを「法定更新」といいます。法定更新された後の契約期間は何年間になるのかというと、それまでの契約期間とは関係なく、一律に期限の定めのない契約とみなされます。期限がないのですから、この法定更新後の建物賃貸借契約は、入居者が転勤その他の理由で自分から引っ越していかない限りは、正当事由が認められるまでは法律上は終了しないことになります。

家主
滋賀良子

正当事由が簡単には認められないことは分かりましたが、平成23年３月の東日本大震災の被害を見ると、私のアパートは旧耐震基準で建てていることが心配です。旧耐震建物を新耐震基準に合わせるために建て替えるという場合でも正当事由は認められないのですか。

旧耐震建物と正当事由

江口弁護士

確かに、昨今の大規模地震を考えると、旧耐震建物を新耐震基準の建物に建て替えたいという家主さんの要望はもっともですよね。そこで、裁判所も、単なる建物の老朽化という観点だけではなく、旧耐震建物に耐震性の不足が見られる場合には、一定の条件付きで正当事由を認めるという判断を示したものが出てきています。

平成25年には、旧耐震基準に従って建築された古い建物で地震による倒壊・崩壊の危険性があることから、応分の立退料の提供を条件として、旧耐震建物を取り壊して新たに新耐震基準に従った建物を建築することに正当事由が認められた裁判例などがあります。裁判所は旧耐震建物だからというだけで正当事由を認めているわけではありませんが、建物の耐震診断を行った結果、地震により倒壊又は崩壊する等の危険があることが認定され、現実に建替え計画が立案されているなどの事情があれば、立退料の支払等を条件として正当事由を認めるとの判断がなされています。旧耐震建物を所有しておられる場合には、まずは耐震診断を受けて、地震の場合に倒壊・崩壊の危険性があるかどうかを調査してみることが有益だと思います。

家主
滋賀良子

耐震性も正当事由の判断のときに考慮してもらえるのですね。仮に、法定更新制度によって貸家契約が終了しない場合において、老朽化した貸家についてどう考えても建て替えをしたほうがよいと判断した場合、いったいどうしたら立ち退いてもらえるのでしょうか。

立退料の実務

　正当事由が認められない場合に入居者に立ち退いてもらうためには、実務上、立退料を支払っているのです。

江口弁護士

①　話合いによる立退きと立退料

　「立退料の相場はあるのですか。」と聞かれることがありますが、相場はあってないようなものだというしかありません。立退現場の実際からいうと、貸家が老朽化したため建て替えるので退去してほしいとの話を入居者にした場合、何割かの入居者は立退料なしで退去してくれることがあります。また、かなりの入居者は、貸主側の都合で退去するわけですから、無料とはいかないまでも、引越代の負担や移転先との契約に必要な仲介手数料その他の実費を負担することで退去してくれるケースもあります。その他、家賃の数か月分ないしは数十か月分の立退料が必要となる場合もあります。これらは、それまでの貸主と入居者との人間関係にもよりますし、入居者の人柄によっても違います。

②　裁判による立退きと立退料

　どうしても話がつかない場合に、裁判所に貸家の明渡しを求めて裁判を提起することも1つの方法です。入居者との間では、退去することはほぼ合意できているのですが立退料の額が決まらないというような場合であれば、裁判所が一定額の立退料の支払と引換えに貸家を明け渡せという判決を出してくれることもあるからです。これを「引換え給付判決」というのですが、どんな場合でも立退料さえ出せば裁判所が明渡しを命じてくれるというわけではないので注意してください。例えば、入居者が仕事や家庭の事情で、どうしても明け渡したくないと頑張っており、貸主側にそれほど正当事由と認められる要素がないような場合には、いくら立退料を提供しても裁判所が明渡しを認めてくれないことがあります。

　また立退きについてはほぼ合意できているが、立退料の金額でもめているという場合でも、やみくもに裁判を求めるのは有利な方法ではないと思います。

　なぜなら、裁判所で「立退料の支払と引換えに明け渡せ」という判決

が出される場合の立退料の額は、一般に当事者間の話合いによって支払われている立退料の額よりもかなり高額な場合が多いからです。立退料の額は、実務的には引越代や移転実費相当額とか、家賃の数か月分というケースがあるといいましたが、裁判で認められているのは、家賃が月額数万円であるのに対して立退料は数百万円ということが少なくないのです。立退料の額は個別の事情により異なり、ケースバイケースですので、むやみに一般化はできませんが、傾向としては、裁判で立退料の額を争うほうが、高額になりやすいということはいえると思います。

　ですから、まずは裁判を念頭に置くのではなく、入居者との交渉でまとめるという気持ちをもたれたほうがよいと思います。

　立退料は、それなりに金額がかさむことは事実です。立退料を払ってでも明渡しを求めるかどうかを判断するには、実際に立退料を支払って明渡しを受けた場合に、税務上はどのように処理されるのか、それを含めて利害得失を判断することが肝要だと思います。

家主
滋賀良子

**　安い家賃なのに、感謝されるどころか立退料まで支払うなんてどうも納得できません。しかしいろいろ総合的に考えると、それなりの金額の立退料を支払っても立ち退いてもらい、建て替えたほうが後継者に喜んでもらえそうです。**

**　思い切って支払った立退料の税務上の取扱いはどうなっているのでしょうか。せめて、所得税の計算上では考慮されて、税金が安くなるのでしょうか。**

立退料の税務上の取扱い

　地主さんや家主さんにとっては、貸家の借家人に支払う立退料と貸地の借地人に支払う立退料のどちらも、自分の不動産を返してもらうための費用と思われるでしょう。特に、取

坪多税理士

り壊さなくてはならないような老朽貸家の場合には、土地を取り返すために立退料を支払ったと考えがちです。ところが、税務上の取扱いは全く異なるのです。

　まず、今まで家賃を支払ってもらっていた借家人に退去してもらうた

めに支払う立退料や引っ越しに伴い支払う費用ですが、いままでに継続的に不動産収入があり、今後も引き続き不動産収入が見込まれる人の場合には、不動産所得を生ずるための必要経費と認められます。高額な立退料で支払った年に赤字になる場合には、青色申告者を除き損失が切捨てになりますので、赤字になると見込まれる家主さんは立退料を払う予定の年の３月15日までに青色申告選択の届出書を提出して、必ず損失を繰り越しできるようにしておいてください。

　一方、家主さんが好意で親族等にただ同然で貸しており不動産所得の申告もしていなかった場合に、立退きに伴う引越料などの退去に伴う費用を、家主さんが負担したとしてもその費用は税金の計算上必要経費とはなりません。ただ同然で貸していたのに、退去に関する費用まで払わされ、それが必要経費にもならないのですから困ったものです。それらを十分検討したうえで、立退料については決めるようにしてください。

　なお、立ち退いてもらった後、人に貸すことなくその敷地をすぐに売却した場合にはその立退料は譲渡費用となり、取扱いが異なるので注意してください。また、借地人に支払う立退料は不動産所得の計算上必要経費とはされず、借地権を買い戻すための取得費とされます。

家主
滋賀良子

立退料についてはよくわかりました。しかし立退料を支払って入居者に立ち退いてもらえたとしても、その老朽家屋の取壊費用や立退きに関する弁護士さんへの報酬も、かなりの金額となります。これらの費用の税務上の取扱いはどうなるのでしょうか。

取壊費用や係争費用の取扱い

　借家人の退去後売却のためでなく、新たにその土地で不動産事業をするために、その老朽貸家を取り壊した場合の取壊費用や借家人を立ち退かせるために支払った弁護士等の費用も、原則としてその取壊しをした日の属する年の不動産所得金額の計算上必要経費になります。

坪多税理士

　ただし、ただ同然で貸していた家屋や自宅を取り壊しても、その取壊

費用は不動産所得を生じていなかったものに対する支出なので、必要経費とすることはできません。

家主
滋賀良子

　借家人の立退きに係る支出は必要経費になることが分かったので所得税については一安心しましたが、こんなに費用がかかるのなら、何か大家にとって所得税以外に大きなメリットがないと、なかなか踏み切れません。相続税についてはメリットがあると聞いたのですが、どのようなものなのでしょうか。

借家権割合と立退料の関係

　正当事由が認められずに、建替えのために家主さんのほうから退去してくれるように申し出れば相応の立退料を支払わなければなりません。借家人から退去を申し出てくれれば原

坪多税理士

則として立退料は不要ですが、相続税評価の計算上は立退料が必要かどうかは全く考慮されず、賃貸している場合、建物については借家権割合（30％）が、土地については貸家建付地割合が控除されます。

　結果として、相続後の将来も含め当分の間、借家人からの申し出がない限り、立ち退いてもらおうと思っていない貸家とその敷地は相続税評価が低くて有利といえます。

　一方、立退料が相続税評価額として減額される金額以上であると想定される場合は、相続までに明渡交渉を成功させ立退料の支払を済ませておけば、借家権割合及び貸家建付地割合以上に相続財産が減少することになりますので、大きく相続税の節税になります。どれくらいの立退料になるのかは、まさにケースバイケースですので不動産の専門家とよく相談して、老朽貸家の賃貸借契約を解除したうえで、取り壊してしまうかどうかを判断してください。

家主
滋賀良子

　なるほど、相続までに空室が増えていく老朽貸家なら、今立ち退いてもらったほうが相続税法上有利なのがよく分かりました。しかし立ち退いてもらった後、更地のままにしてお

けば、かえって相続税が増えるとも聞きます。また、何とか支払った立退料をこれからの土地活用による収益で取り返したいと思っています。思い切って、新築物件を建設すれば、これらの悩みを少しは解決できるのでしょうか。

新築物件の建替えは相続税対策になる

修繕よりも建替えのほうが効率がよいという判断をしたならば、ぜひ相続が発生する前に新築貸家に建替えを完了しておくとよいでしょう。借家人への立退料や古家の取壊費用という高額の支出を相続財産から減少させる結果となるからです。

坪多税理士

確かに、立退きを完了させた後、利用せず放置していたり駐車場に利用したりしていると、自用地として評価されるため、土地の評価は立退き前よりかえって高くなります。売却したり物納したりするならば、それでいいのですが、相続税対策をするなら賃貸建物を建てることが税金上は効果的です。

なぜなら、新築した家屋は賃貸を開始した時点から貸家の評価に、その敷地は貸家建付地の評価になるからです。貸家の場合、相続税評価額は固定資産税評価額となるため投下資金の約60％になると予想され、満室であるならば賃貸割合が100％の貸家となり、さらに30％（借家権割合）評価が下がり、投下資金と比較すると約40％の評価額となります。敷地は貸家建付地として相続税評価額が20％前後減少しますので、非常に効果の高い相続税対策となるのです。

相続税の減少効果が立退料や取壊費用を上回ることも多く、家主さんが老朽貸家の立退きと取壊しを実行する1番の理由は、結果として相続税対策になるからというのが現状です。

家主
滋賀良子

いろいろ考えると、立退きに係るさまざまな費用を長期間にわたって回収するには、相続税を減少させることが1番確実なようですね。悩みの種を子に引き継がせるより、今、私が決断して建て替えるのが、結果として喜ばれる相続税対策になることがよく分かりました。一度、真剣に検討してみます。

事例7　借家人の退去に伴う費用負担の対応 老朽貸家の修繕や相続税対策

民法（債権法）の改正により、既に貸借している借家人が退去するときの取扱いが明文化されたそうですが、税金面も含めてどのような点に注意すればよいのでしょうか。今からでもできる対策も含めて教えてください。

家主
愛知一郎

今月末にアパートの1階の借家人との建物賃貸借契約が終了し、借家人が退去することになりました。賃貸借契約書には、「借家人は賃貸借が終了し、建物を明け渡す際には建物を原状に復して明け渡す」と明確に記載しています。この借家人に建物を賃貸したときには、畳表は新品に張り替えましたし、壁クロス、クッションフロアも張り替え、ハウスクリーニングも完了した建物を引き渡しています。そこで、借家人に明渡しの際には、畳表や壁クロス、クッションフロアは張り替えて、ハウスクリーニングを済ませた状態で返還するよう申し入れたところ、借家人は、「私は建物を契約で定めたとおりに使用し、特に異常な使い方はしていないので、そのような義務はないはずだ。敷金は全額返金してほしい。」と言ってきました。賃貸借契約書には、「賃貸借契約が終了したときは、賃借人は貸室を原状に復して明け渡す」と明確に記載されているのですから、原状回復費用は差し引くのが当たり前だと思います。敷金を全額返還する必要はあるのでしょうか。

改正前民法における原状回復義務

改正前民法では、賃貸借の節には、賃貸借契約が終了したときに、賃借人が原状回復義務を負うということを定めた直接の条文はありませんでした。また、原状回復とは、何をすることかについて原状回復の内容を定めた条文もありませんでした。こ

江口弁護士

のため、賃貸借契約が終了した場合に、原状回復義務の範囲を巡って、賃貸人と賃借人との間で、敷金からいくらを差し引くかについて争われてきたのです。

家主
愛知一郎

　民法に定義はないかもしれませんが、「原状」という言葉を国語辞典で調べると、元の状態とか元のあり様ということでした。ということは、「原状に回復する」といったら、元の状態に回復するという意味で、その内容は明確なのではないのでしょうか。

改正民法における原状回復義務の定め

　確かに「原状」という用語は、国語辞典によれば、「元の状態」を意味するものですから、賃借人が貸室を「元の状態」へ回復するとも読めないことはありません。しかも、賃貸借契約における「元の状態」とは、賃貸借契約を締結した時の状態と考えることもできますので、賃貸人の方々からすれば、賃貸借が終了した場合には、部屋の畳表やカーペット、クッションフロアや壁クロス、ブラインド等についても契約締結当時の状態に回復せよと要求することは当然であると考えられることも理解できないわけではありません。しかし、原状回復という用語は法律用語ですので、国語辞典を見ただけで、正確な意味内容が理解できるとは限らないのです。

江口弁護士

家主
愛知一郎

　ええっ？　国語辞典とは意味が違うのですか？　そんな解釈ってあり得ることなのでしょうか。

　そうなのです。なぜかというと、賃貸借契約は、例えば、自宅用とか、店舗用、オフィス用というように、目的を決めて契約するでしょう。自宅用としてアパートを賃貸した場合、まさか入居者が２年間、直立不動で生活することなんか誰も想定しないですよね。

江口弁護士

家主
愛知一郎

そりゃあ、そうですよ。自宅として使うんですから。部屋の中をうろうろ動くこともあるでしょうし、キッチンで料理をするなど、人間ですから色々と動き回ることはあるでしょうね。

江口弁護士

　そのとおりです。そして、アパートは、入居者がそこで生活を営むために賃貸するのですから、部屋の中をうろうろ動きまわったり、台所で煮炊きをしたり、家具を置いたりすること等を前提に賃貸借契約を締結していることになります。それでは建物も劣化しますので、賃料を取って貸しているわけですね。ですから、法律の考え方は、そうした賃貸借契約で定めた目的、例えば、アパートを自宅として使用するなどの目的どおりに使用したことによって発生する建物の損耗、これを「通常損耗」といいますが、これについては、もともと賃貸借契約で想定している損耗ですから、賃借人には原状回復義務がないとされているのです。

家主
愛知一郎

なるほど……、理屈は分からないわけではありませんが、そんなこと、一般の市民は知らないですよ。

　そこで、改正民法では、これまでトラブルの多かった原状回復の内容について、結論として、賃借人は、経年変化や通常損耗については原状回復義務を負わないことを明らかにしました（改正民法621）。

　少し専門的な話になりますが、賃貸借契約開始後、建物に発生する損耗としては、①経年変化、②通常損耗（賃借人が契約で定めた用法に従い、通常の使用をした結果生じる損耗）、③特別損耗（契約で定めた用法と異なる使用その他賃借人の善管注意義務違反等、通常の使用とは言えない使用方法により発生した損耗）の3種類があります。改正民法では、このうち、賃借人が原状回復義務として負担するのは、③の特別損耗だ

けであることを明文で定めました。

| 改正民法の原状回復義務の規定の特徴 | → | 通常損耗については原状回復義務がないことを明記 |

その結果、通常の使い方をした結果発生する損耗については、賃借人は原状回復義務を負わないことが改正民法で明らかにされたことになります。

家主
愛知一郎

う〜ん。今回の民法改正の原状回復義務に関する規定は、家主にとっては厳しい改正内容ですね。これを前提とすると、今まで家主が敷金から差し引いていた項目で、差し引くのが認められなくなるものには、どのようなものがあるのでしょうか。

居住系賃貸借契約において、畳表の張替費用や壁クロスの張替費用、クッションフロアの張替費用やハウスクリーニング費用などは通常損耗に該当するので、民法の規定に従う限り、これらは敷金から差し引くことはできないことになります。

江口弁護士

家主
愛知一郎

この民法の原状回復に関する定めは、消費者を保護する居住系賃貸借の場合だけであって、事業系賃貸借契約には適用されないと考えてよいのですか。

意外に誤解されやすいのですが、この規定は、居住系賃貸借契約だけに限って適用されるものではありません。改正民法の原状回復の規定は居住系賃貸借契約に限定しているものではなく、事業系賃貸借契約にも同様に適用される点に注意が必要です。

江口弁護士

今後は、賃貸アパート、賃貸ビルのいずれかを問わず、改正民法の原状回復に関する規定が適用されるということです

坪多税理士

が、そうだとすると、事業系賃貸借契約において、床カーペットの張替費用とブラインドの清掃費用、ルームクリーニング費用はテナントの負担とする旨の賃貸借契約書を用いていると、賃借人から、「それは民法違反の特約ではないですか」と言われて、クレームが出されることも想定されますね。これに対しては、どのようにすればよいのでしょうか。

改正民法における原状回復義務の規定は強行規定か？

　今後は、坪多先生がご指摘のように、そうした問題が生じてくると思われます。そこで、改正民法における原状回復に関する規定は、任意規定なのか、それとも強行規定なのかという問題を検討しておく必要があります。任意規定とは、法律の規定が任意というのですから、法律の規定と異なる内容を契約で合意することができます。これに対し、強行規定といわれる法律の条文は、法律の規定を強行するというものですから、その法律で定められた内容と異なる特約を合意しても無効とされることになります。

江口弁護士

　改正民法における原状回復に関する第621条は任意規定であると考えられています。したがって、居住系賃貸借であれ、事業系賃貸借であれ、民法の定める原状回復とは異なる内容の原状回復条項を設けることは可能であると考えられます。ただし、居住系賃貸借の賃借人は消費者である場合がほとんどですから、消費者契約法も適用されます。このため、原状回復に関する特約が消費者契約法に違反しないかという点にも留意する必要があります。事業系賃貸借においては、消費者契約法の適用はありませんので、原状回復に関する特約は自由に行うことができます。契約自由の原則が妥当する領域と考えられるからです。

通常損耗を賃借人負担とする条項を作成する場合の留意点

家主
愛知一郎

　家主としては、相場より低い家賃で賃貸しているケースは少なくないので、可能な限り、せめて原状回復については、賃借人負担でお願いしたいと考えているのですが、それは、原状回復について、民法と異なる特約を締結することになるわけですね。この場合に注意することはありますか。

1点だけ、ご留意いただきたいことがあります。それは、最高裁が、居住系賃貸借の事案において、通常損耗について賃借人に原状回復義務を負わせる場合には、賃借人が原状回復義務を負う通常損耗の範囲が契約書に具体的に明記されているか、そうでない場合は賃貸人が口頭で説明する等、賃貸人と賃借人との間で通常損耗負担特約が明確に合意されていることが必要であるとの判断を示していることです（最高裁平成17年12月16日判決）。

江口弁護士

　この最高裁判例によれば、賃借人に通常損耗について原状回復義務を負わせる特約は民法上は有効ですが、そのためには、賃借人が負担する通常損耗を具体的に契約書に明記するか、口頭で説明することが必要だということになります。口頭による説明は、後日に「言った、言わない」の紛争となるおそれがあるので、実務的には契約書に具体的に記載することが望ましいと思います。

家主
愛知一郎

　その最高裁判決は賃貸アパート等の居住系賃貸借の判例だということですが、事業系賃貸借も同じように扱われるのでしょうか。

　この点については、大阪高裁平成18年5月23日の判決があり、大阪高裁は上記の最高裁判決と同じ内容を事業系賃貸借（オフィスのケース）にも判示しています。リスクの回避を考えるのであれば、通常損耗を賃借人の方にご負担いただく契約を締結する場合、賃借人の方が負担する通常損耗の範囲を賃貸借契約書に具体的に明記しておくことがポイントになると思います。

家主
愛知一郎

　よく分かりました。ここでも、やはり、賃貸借契約にどのように定めてあるかが重要なのですね。これから、賃貸借契約の内容をよく検討してみたいと思います。ありがとうございました。ところで、坪多先生、先ほどの江口先生の説明では、法的には、通常損耗を原状回復する義務は入居者にはな

いとのことですが、私が、これを入居者に負担させた場合、本来は私が負担すべきものを、入居者に負担させたことになるように思いますが、その場合には、税務では何か問題になるのでしょうか。

坪多税理士

　通常損耗を原状回復する義務は入居者にはないとの法律の規定が強行規定であるとすれば、家主がこれを入居者に負担させた場合、家主が負担すべきものを、入居者に負担させたことになりますので、家主に贈与税や所得税がかかるおそれもあります。

　しかし、江口先生がご説明くださったように、通常損耗を原状回復する義務は入居者にはないとの法律の規定はあくまでも任意規定ですから、賃貸借契約において、入居者が現状回復する義務があることを明らかにしている場合であれば、契約に基づく行為で経済的利益を受けていないので、贈与税や所得税がかかることはありません。

家主
愛知一郎

　税金の負担もいらず、入居者に原状回復費の負担をしてもらえる方法があるのがわかり安心しました。

　改正民法のもとでは、いろいろな任意契約もあるので、賃貸借契約をするにあたってはこのようなさまざまな点について考慮しなければなりませんね。契約書をチェックし、詳細にわたる修繕義務の有無などの一覧表を作成し、改正民法に対応することの重要性が分かりました。先生方、今後ともよろしくお願い申し上げます。

【参考文献】

・植木保雄 著『賃貸住宅オーナーのための確定申告節税ガイド』（清文社）

・鵜野和夫 著『不動産の評価・権利調整と税務』（清文社）

・坪多晶子 共著『資産家のための 民法大改正 徹底活用』（清文社）

・坪多晶子 共著『もめない相続 困らない相続』（清文社）

・坪多晶子 共著『すぐわかる よくわかる 税制改正のポイント』（TKC出版）

・坪多晶子 著『Q&A105 新時代の生前贈与と税務』（ぎょうせい）

・坪多晶子 共著『"争族"にならないための法務&税務』（ぎょうせい）

〔著者プロフィール〕

弁 護 士　江口　正夫
　　　　　えぐち　まさお

《略　歴》東京大学法学部卒業。弁護士（東京弁護士会所属）。最高裁判所司法研修所
　　　　　弁護教官室所付、日本弁護士連合会代議員、東京弁護士会常議員、民事訴訟
　　　　　法改正問題特別委員会副委員長、（旧）建設省委託貸家業務合理化方策検討
　　　　　委員会委員、（旧）建設省委託賃貸住宅リフォーム促進方策検討委員会作業
　　　　　部会委員、NHK文化センター専任講師、不動産流通促進協議会講師、東京
　　　　　商工会議所講師等を歴任。（公財）日本賃貸住宅管理協会理事。

《著　書》
　　　　　『改訂版 借地借家契約 特約・禁止条項集』（編著・新日本法規出版）
　　　　　『資産家のための 民法大改正 徹底活用 相続法・債権法＆税金』
　　　　　（共著・清文社）
　　　　　『宅建業者・賃貸不動産管理業者のための 民法（債権法）改正における実務
　　　　　ポイント』（大成出版社）
　　　　　『経営承継円滑化法でこう変わる！ 新時代の事業承継』（共著・清文社）
　　　　　『企業責任の法律実務』（共著・新日本法規出版）
　　　　　『大改正借地借家法Ｑ＆Ａ』（監修・にじゅういち出版）
　　　　　『地主から見た定期借地権付住宅分譲事業』（にじゅういち出版）
　　　　　『民事弁護と裁判実務・動産取引』（共著・ぎょうせい）
　　　　　『マンガでわかる不動産業の個人情報保護法入門』（監修・住宅新報社）
　　　　　他多数

《事務所》海谷・江口・池田法律事務所
　　　　　〒100-0006　東京都千代田区有楽町１－10－１　有楽町ビル４階424区
　　　　　　　　　　　TEL　03－3211－8086　FAX　03－3216－6909
　　　　　　　　　　　Email　eguchilo@sepia.ocn.ne.jp

代表社員
税　理　士　　坪多　晶子
<ruby>坪多<rt>つぼた</rt></ruby>　<ruby>晶子<rt>あきこ</rt></ruby>

《略　歴》京都市出身。大阪府立茨木高校卒業。神戸商科大学卒業。1990年坪多税理士
　　　　事務所設立。
　　　　1990年　有限会社　トータルマネジメントブレーン設立、代表取締役に就任。
　　　　2012年　税理士法人 トータルマネジメントブレーン設立。代表社員に就任。
　　　　上場会社の非常勤監査役やNPO法人の理事及び監事等を歴任、現在TKC全
　　　　国会中央研修所租税法研修小委員長、TKC全国会資産対策研究会研修企画
　　　　委員長。上場会社や中小企業の資本政策、資産家や企業オーナーの資産承継
　　　　や事業承継、さらに税務や相続対策などのコンサルティングには、顧客の満
　　　　足度が高いと定評がある。また、全国で講演活動を行っており、各種税務に
　　　　関する書籍も多数執筆。

《著　書》『資産家のための 民法大改正 徹底活用 − 相続法・債権法＆税金 − 』(清文社)
　　　　共著
　　　　『改正相続法完全対応 弁護士×税理士と学ぶ“争族”にならないための法務＆
　　　　税務』(ぎょうせい) 共著
　　　　『成功する事業承継Q&A150 ～遺言書・遺留分の民法改正から自社株対策、
　　　　法人・個人の納税猶予まで徹底解説～』(清文社)
　　　　『Q&A115 新時代の生前贈与と税務』(ぎょうせい)
　　　　『もめない相続 困らない相続税 − 事例で学ぶ幸せへのパスポート − 』(清文
　　　　社) 共著
　　　　『相続税を考慮した遺言書作成マニュアル 弁護士×税理士がアドバイス！』
　　　　(日本法令) 共著
　　　　『すぐわかる よくわかる 税制改正のポイント』(TKC出版) 共著
　　　　『相続・相続税 資産と事業の実践的承継法』(大蔵財務協会)
　　　　他多数

《主宰会社》税理士法人　トータルマネジメントブレーン
　　　　　　有 限 会 社　トータルマネジメントブレーン
　　　　　　〒530-0045 大阪市北区天神西町5-17 アクティ南森町6階
　　　　　　TEL　06-6361-8301　　FAX　06-6361-8302
　　　　　　メールアドレス　tmb@tkcnf.or.jp
　　　　　　ホームページ　　http://www.tsubota-tmb.co.jp

第四版 これで解決！ 困った老朽貸家・貸地問題
相続法・債権法改正対応版

2020年10月12日　発行

著　者　　坪多 晶子／江口 正夫 ⓒ

発行者　　小泉 定裕

発行所　　株式会社 清文社
　　　　　　　東京都千代田区内神田1－6－6（MIFビル）
　　　　　　　〒101-0047　電話 03（6273）7946　FAX 03（3518）0299
　　　　　　　大阪市北区天神橋2丁目北2－6（大和南森町ビル）
　　　　　　　〒530-0041　電話 06（6135）4050　FAX 06（6135）4059
　　　　　　　URL http://www.skattsei.co.jp/

印刷：㈱廣済堂

■著作権法により無断複写複製は禁止されています。落丁本・乱丁本はお取り替えします。
■本書の内容に関するお問い合わせは編集部までFAX（06-6135-4056）でお願いします。
■本書の追録情報等は、当社ホームページ（http://www.skattsei.co.jp）をご覧ください。

ISBN978-4-433-75030-5

不動産の取得・賃貸・譲渡・承継の消費税実務

税理士　熊王征秀　著

■B5判220頁/定価：本体 2,400円+税

遺産分割における弁護士・税理士の協働と連携

税理士　守田啓一/弁護士　角　学　著

■A5判336頁/定価：本体 3,000円+税

弁護士・税理士・不動産鑑定士三士業の実務がクロスする
相続事案の解決力

三士業合同相続研究会　編著
■A5判252頁/定価：本体 2,400円+税

資産家のための民法大改正 徹底活用

相続法・債権法&税金

弁護士　江口正夫/税理士　坪多晶子　著
■A5判280頁/定価：本体 2,400円+税

四訂版
もめない相続　困らない相続税

事例で学ぶ幸せへのパスポート

税理士　坪多晶子/弁護士　坪多聡美　共著
■A5判368頁/定価：本体 3,000円+税